CARL FRIEDRICH VON SIEMENS STIFTUNG · THEMEN BD. 104

Michael Jaeger

Goethe, Faust und der Wanderer
Lebensbruchstücke, Tragödienfragmente

Herausgegeben von Heinrich Meier

MICHAEL JAEGER

Goethe, Faust und der Wanderer
Lebensbruchstücke, Tragödienfragmente

Carl Friedrich von Siemens Stiftung
München

Zum Umschlag

Erweiterte Fassung eines Vortrags, gehalten in der
Carl Friedrich von Siemens Stiftung am 10. November 2016.
Der Abend wurde geleitet von Professor Dr. Hendrik Birus.

Inhalt

Ich Wandrer raffe auf was ich kann.
Goethe an Herder, Rom, 13. Januar 1787

Was ich nicht erlernt hab
Das hab ich erwandert.
Motto zu Goethes Zeitschrift
Zur Naturwissenschaft überhaupt

MICHAEL JAEGER

Goethe, Faust und der Wanderer

Lebensbruchstücke, Tragödienfragmente

Die große Konfession

Zu den Herbstmessen der Jahre 1816 und 1817 erschienen erstmals Goethes Italienerinnerungen in ihrem ersten und zweiten Teil.[1] Wenn wir heute, zweihundert Jahre später, auf das Figurenensemble von Goethe, Faust und dem Wanderer – dem Italienwanderer Goethe vor allem – schauen, dann nehmen wir, wie sich herausstellen wird, Goethes berühmte Auskunft über seine poetische Produktion beim Wort, die er 1812 im zweiten Teil von *Dichtung und Wahrheit* über »diejenige Richtung« seines Schreibens gibt, die er für sein »ganzes Leben« eingehalten habe, ohne davon abweichen zu können: »nämlich dasjenige was mich erfreute oder quälte, oder sonst beschäftigte, in ein Bild, ein Gedicht zu verwandeln und darüber mit mir selbst abzuschließen, um sowohl meine Begriffe von den äußeren Dingen zu berichtigen, als mich im Innern deshalb zu beru-

---

1 *Aus meinem Leben. Von Goethe. Zweyter Abtheilung Erster Theil. Auch ich in Arcadien!* Stuttgard und Tübingen, in der Cotta'schen Buchhandlung. 1816. – *Aus meinem Leben. Von Goethe. Zweyter Abtheilung Zweyter Theil. Auch ich in Arcadien!* Stuttgard und Tübingen, in der Cotta'schen Buchhandlung. 1817. – Unter dem Gesamttitel *Italienische Reise* erscheinen Goethes Italienerinnerungen erst seit der Publikation ihres dritten Teils im Jahre 1829.

higen.« Über den fragilen autobiographischen Zusammenhang der auf diese Weise hervorgebrachten Bilder und Gedichte teilt Goethe noch mit: »Die Gabe hierzu war wohl Niemand nötiger als mir, den seine Natur immerfort aus einem Extreme in das andere warf. Alles was daher von mir bekannt geworden, sind nur Bruchstücke einer großen Konfession, welche vollständig zu machen dieses Büchlein (*Dichtung und Wahrheit*, Vf.) ein gewagter Versuch ist«.[2] Das Selbstbekenntnis zum fragmentarischen Schreiben und zu dessen gleichsam erkenntniskritisch-therapeutischem Motiv wird gerade durch die Fausttragödie so drastisch wie durch keinen anderen Text in Goethes großer Konfession bestätigt. Lebenslang nämlich war er mit dem »gewagten Versuch« befaßt, die Faustbruchstücke vollständig zu machen. Publiziert hat er das Drama jedoch immer nur fragmentarisch. Erst die postume Ausgabe vereinigte alle Teile zum kompletten Faust.[3]

Goethe hat freilich als Autor, wie er es in dem zitierten Bekenntnis aus *Dichtung und Wahrheit* ausspricht, eigentlich immer, bei allem, was von ihm »bekannt geworden«, im Sinne des Fragmentprinzips gearbeitet, in einem offenen Schreibverfahren also, das es ihm erlaubte, je nach Verände-

---

2 MA 16, S. 306. – Als skizzenhaftes Selbstbildnis zieht sich das Wanderermotiv wie ein roter Faden durch Goethes Gesamtwerk. In zahlreichen Wanderergedichten ist es präsent – in den berühmten Nachtliedern des Wanderers nicht zuletzt –, sogar als Beiname Goethes wird der »Wanderer« in *Dichtung und Wahrheit* genannt (ebd., S. 555). Und naturgemäß verstand sich Goethe gerade während seiner beiden italienischen Jahre als Wanderer. Noch im Alter, als er sich bei Tischbein nach dem Verbleib des im Dezember 1786 in Rom begonnenen Gemäldes erkundigt, das ihn auf antiken Ruinen vor dem Hintergrund der römischen Campagna zeigt (das vollendete, später unter dem Titel »Goethe in der Campagna« berühmt werdende Bild hatte er nie gesehen), heißt es in seinem Brief an den befreundeten Maler: »Wo ist denn das Original-Bild des Wanderers auf'm Obelisken?« (Goethe an Tischbein, 16. 1. 1822; WA IV 35, S. 243). – »Der Wanderer« lautet denn auch der Titel von Norbert Millers großer Monographie über Goethes Italienerlebnis und über dessen Italiendichtungen (*Der Wanderer. Goethe in Italien.* München 2002).

8

rung der persönlichen Verhältnisse und der allgemeinen zeit-
geschichtlichen Situation den bruchstückhaft konzipierten
Texten neue Fragmente, damit aber auch neue Bedeutung
hinzuzufügen. Ein Leben lang hat er nicht nur am »Faust«,
sondern auch am Roman Wilhelm Meisters geschrieben, von
der »Theatralischen Sendung« über die »Lehrjahre« zu den
»Wanderjahren« und diese in gleich zwei Fassungen.[4]

3 Im Frankfurter Goethehaus hat man unter der Leitung von Anne Bohnenkamp die
erste vollständige historisch-kritische Ausgabe des Goetheschen *Faust* erstellt. Hier
werden die zahllosen Bruchstücke präsentiert, aus denen Goethe zwischen 1770 und
1831 den Text der Gesamttragödie zusammengesetzt hat. Zu sehen sind die weit ver-
streuten Manuskriptteile, Handschriften und Reinschriften, Hinzufügungen, Revi-
sionen, Ausstreichungen, Überschreibungen und Variationen. Die schiere Masse der
Bruchstücke überstieg bislang die Darstellbarkeit in einem herkömmlichen Druck-
verfahren. Weshalb man sich jetzt in Frankfurt der neuen Möglichkeiten einer elek-
tronischen Textedition bedient, bei der man jedes Fragment auch noch aus der ent-
ferntesten Textschicht (und aus der entlegensten Bibliothek!) auf den Bildschirm
holen und die endlose, vielfach gebrochene, immer wieder stockende und neu anset-
zende Textgenese in allen Zwischenschritten verfolgen kann (*beta.faustedition.net*
[2017]). – Den bruchstückhaften, verschiedene »Aufzeichnungstypen«, Textsorten,
Schriftbilder und Manuskriptkategorien hervorbringenden Arbeitsprozeß des Faustautors schildert Anne Bohnenkamp im Schlußkapitel ihrer Ausgabe der Faustpara-
lipomena (»… *das Hauptgeschäft nicht außer Augen lassend*«. *Die Paralipomena zu
Goethes Faust.* Frankfurt 1994, S. 809–841 das Kapitel »Zur Arbeitsweise des Faust-
Autors«). – Einen guten Überblick über die unterbrechungsreiche, sprunghafte und
fragmentarische Genese von *Faust I* verschafft – Vers für Vers – nach wie vor Werner
Kellers höchst verdienstvolle Paralleledition der Dramentexte (Johann Wolfgang
Goethe: *Urfaust – Faust. Ein Fragment – Faust. Eine Tragödie. Paralleldruck der drei
Fassungen.* Hg. v. Werner Keller. 2 Bde. Frankfurt 1985).

4 Erst recht sind in der »großen Konfession« die ästhetischen, kunst- und literarhi-
storischen Reflexionen Goethes sowie die Bekenntnisse des Naturwissenschaftlers,
Naturbetrachters und Naturphilosophen Goethe aus »Fragmenten« und ganz heterogenen Textarten zusammengesetzt, wie es wohl am deutlichsten seine Zeitschrift
Über Kunst und Altertum sowie die Doppel-Zeitschrift *Zur Naturwissenschaft überhaupt, besonders zur Morphologie* illustrieren. Darin hat er das Collage-Prinzip des
offenen und fragmentarischen Schreibens so weit getrieben, daß spätere Editoren sich
vielfach dazu herausgefordert fühlten, die »Bruchstücke« neu zu sortieren und ver-
meintliche »Ordnung« in die ursprünglich heterogene Textgestalt zu bringen. Lediglich die *Frankfurter Ausgabe* präsentiert *Über Kunst und Altertum* in der originalen
Komposition (FA I, Bde. 20–22). Der Herausgeber Hendrik Birus erkennt in dem
Zeitschriftenunternehmen ein »Goethesches Alterswerk« – entsprechend der erwei-
terten Ansichten über »Autorschaft« und »Werkbegriff« beim späten Goethe. Birus fügt
hinzu, daß man sich diese Einsicht versperrt, wenn man die ursprüngliche Textkom-
position in »pseudo-systematischen Gruppierungen« auflöst (FA I, Bd. 20, S. 660 f.).

Und jahrzehntelang hat Goethe im Sinne des Bruch-
stückverfahrens auch seine Autobiographie aufgezeichnet,
im Ganzen und in ihren verschiedenen Teilen desgleichen
nach dem Fragmentprinzip strukturiert. Nicht viel anders
als die kritische Faustgesamtausgabe würde daher wohl
auch die kritische Komplett-Edition der *Italienischen Reise*
aussehen, angefangen mit den italienischen Briefen und
Notaten Goethes seit September 1786 sowie seinem Tage-
buch für Frau von Stein, über eine endlose Kette von
Streichungen, Ergänzungen, Überarbeitungen und Variationen bis zu den beiden Bänden der Italienerinnerungen
1816 und 1817, bis zum *Zweiten Römischen Aufenthalt*,
den Goethe erst 1829, über vierzig Jahre nach seiner Reise
in den Süden, der *Italienischen Reise* als dritten Teil hinzugefügt hat.[5]

Am zweihundertsten Jahrestag des Erscheinens der
Italienischen Reise (ihres ersten und zweiten Bandes) werde
ich im synchronen Blick auf Goethes Italienerinnerungen
und auf sein Faustdrama versuchen zu demonstrieren,
daß er an »*einer* großen Konfession«, gleichsam an einer

---

5 *Italiänische Reise. III. Zweiter Römischer Aufenthalt vom Juni 1787 bis April 1788*
(= *Goethe's Werke. Vollständige Ausgabe letzter Hand.* Neunundzwanzigster Band.
Stuttgart und Tübingen in der J. G. Cotta'schen Buchhandlung. 1829. Die Bde. 27
und 28 dieser Ausgabe enthalten, jetzt unter dem Titel *Italiänische Reise. I* und
Italiänische Reise. II, die bereits 1816 und 1817 erschienenen ersten beiden Teile der
Italienerinnerungen). – Der dritte Teil der Italienerinnerungen überführt das bruchstückhafte Verfahren des Autobiographen dann gar in den Pasticcio-Stil. Denn seinen
redigierten und fragmentierten italienischen Briefen aus der Zeit des an die Sizilien-
und Neapelreise anschließenden zweiten Romaufenthaltes – unterteilt wiederum in
»Korrespondenzen« und »Berichte« – fügt Goethe nicht nur eigene, andernorts
längst publizierte Texte hinzu (*Das Römische Carneval* etwa), sondern auch Briefe
und Schriften der römischen Freunde (von Tischbein und Moritz z. B.) sowie Doku-
mente und Zitate von Autoren anderer Epochen. Im Sinne dieser collageartigen
Komposition enden die italienischen Konfessionen Goethes mit einem ausführlichen
Ovidzitat.

Gesamtkonfession in verschiedenen Teilen geschrieben hat und daß uns gerade der italienische Goethe Neuigkeiten über den Faustautor Goethe mitzuteilen weiß. Vom engen Zusammenhang also der italienischen Bruchstücke und der Faustfragmente soll im folgenden die Rede sein, zumal diese werkbiographische Verbindung bislang kaum das Interesse der Goethe- und Faustliteratur gefunden hat. Mit all den Text- und Werkbruchstücken werden dann zugleich die Brüche und Widersprüche in Goethes Leben vor unseren Blick kommen.

Die Widersprüche disparater machen

In einer um 1800 entstandenen Aufzeichnung zum Faust-drama fordert Goethe sich selbst dazu auf, die »Widersprüche« in seinem Text, »statt sie zu vereinigen disparater zu machen.« Zu den Widersprüchen, die das Paralipomenon aufzählt, gehört auch jener, der von den beiden Begriffen »Streben« und »Genuß« gebildet wird.[6] Schaut man in den zur selben Zeit zwischen Goethe und Schiller anschwellenden Briefwechsel über die Fausttragödie, so bemerkt man allenthalben weitere disparate Widersprüche.

Darunter fallen zwei Gegensatzpaare auf: Zum einen der Widerspruch zwischen dem Goethes Faustbemühungen hartnäckig verbundenen Hang zum Fragmentarischen einerseits und einem intendierten Werkganzen andererseits. Schiller fordert – wie es für ihn typisch ist – unter Verweis

---

6 A. Bohnenkamp: »… *das Hauptgeschäft nicht außer Augen lassend*« (wie Anm. 3), S. 221 ff., mit Hinweisen zur Entstehungszeit des Paralipomenons und zu seinem Bezug zum Briefwechsel mit Schiller.

auf eine einigende philosophische Idee das Werkganze.[7] Goethe jedoch beharrt – etwas widerwillig und hoffnungslos zugleich – auf einer genuin bruchstückhaften Eigenart seiner Faustarbeit, »bei dem Ganzen«, wie er Schiller entgegnet, »das immer ein Fragment« bleiben wird.[8] Goethes Replik spielt auf die erste rudimentäre Druckfassung des Dramas an, die er 1790 unter dem Titel *Faust. Ein Fragment* publiziert hatte.[9]

Verantwortlich für den Zerfall des Faustganzen in Fragmente scheint das zweite im Briefwechsel von Goethe und Schiller auffallende Gegensatzpaar zu sein, das zwischen Barbarei und Schönheit, Faust und Helena, deutschem Nebeldunst und mediterraner Klarheit, zwischen »nordischen Phantomen« und »südlichen Reminiszenzen«, wie Goethe an Schiller schreibt.[10] Die »südlichen Reminiszenzen« sind Goethes Italienerinnerungen und die »nordischen Phantome« sind die überlieferten Legenden vom Doktor Faustus.

Eingedenk Goethes unstillbarer Italiensehnsucht ahnt Schiller, welche Gefahren aus diesem Widerspruch für die Vollendung des Dramas erwachsen, weshalb er ihn ermahnt: »Sie müssen also in ihrem Faust überall Ihr *Faustrecht* behaupten.«[11] Der handfest-praktische Ratschlag prallte naturgemäß an Goethes leidenschaftlicher Vorliebe für »süd-

---

7 Zitiert nach: J. W. Goethe: *Faust. Texte.* Hg. v. Albrecht Schöne. 4., überarbeitete Auflage (Sonderausgabe). Frankfurt 1999 (= J. W. Goethe: *Sämtliche Werke. Briefe, Tagebücher und Gespräche* [Frankfurter Ausgabe], Bd. 7/1). Künftig zitiert unter der Sigle FA 7/1; hier FA 7/1, S. 771 f.

8 Ebd., S. 775.

9 *Goethe's Schriften. Siebenter Band.* Leipzig bey Georg Joachim Göschen, 1790.

10 FA 7/1, S. 772 ff.

11 Ebd., S. 781.

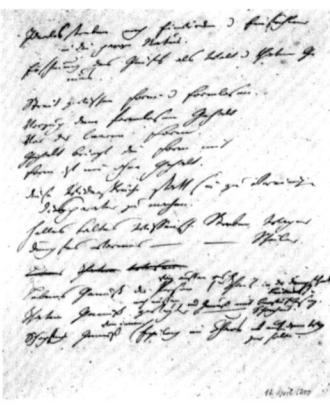

Paralipomenon I in Goethes Handschrift (ca. 1800/1801) – mit der Selbstaufforderung (in der Mitte der Seite): »Diese Widersprüche statt sie zu
vereinigen disparater zu machen«. Aus: Frankfurter Ausgabe 7/1 (Abbildungsteil).

Faust. Ein Fragment. Titelblatt und Titelkupfer (von Johann Heinrich Lips
nach Rembrandt) im siebten Band von *Goethe's Schriften.* Leipzig 1790.

liche Reminiszenzen« ab, so daß Schiller fast schon resigniert im Dezember 1801 an den potentiellen Faustverleger Cotta über den zögerlichen Faustautor Goethe meldet: »Bei den trefflichsten Planen und Vorarbeiten die er hat, fürchte ich dennoch daß nichts mehr zu Stande kommen wird, wenn nicht eine große Veränderung mit ihm vorgeht. Er ist zu wenig Herr über seine Stimmung (…). Beinahe verzweifle ich daran, daß er seinen Faust noch vollenden wird.«[12]

Römische Faustoperationen: Einschwärzen

Um etwas Näheres zu erfahren über den das Werkganze in Fragmente auflösenden Widerspruch zwischen dem nordischen Faustphantom und Goethes »südlichen Reminiszenzen« – letztere vor allem wohl sind Herr über seine Stimmung –, müssen wir uns die Genese dieses Gegensatzes anschauen und Goethe bis zur Quelle seiner südlichen Erinnerungen, nach Italien also, folgen. Als Italienwanderer nämlich gerät Goethe selbst zum ersten Mal in Widerspruch zum »Phantom« Faust.

Im Korrespondenzteil des *Zweiten Römischen Aufenthalts* berichtet Goethe unter dem Datum »Rom, den 1. März« 1788, daß er jetzt endlich jene Manuskripte abschließen wolle, die für die achtbändige Ausgabe der längst angekündigten und seit 1787 bereits erscheinenden *Schriften* vorgesehen waren. Das war ihm im Falle der *Iphigenie* und des *Egmont* sowie einiger Singspiele schon gelungen, deren aus- und umgearbeitete Fassungen er aus Italien an seinen Verleger, seinerzeit Göschen in Leipzig, geschickt

12 Ebd., S. 783.

hatte. Nun standen noch die beiden Dramen *Tasso* und *Faust* auf der Agenda. Offenbar handelt es sich dabei um kompliziertere Aufgaben, die der Italienwanderer bislang wohlweislich nicht angerührt hatte und erst gegen Ende seiner beinahe zwei Jahre andauernden Reiseepoche etwas beklommen aus dem Gepäck hervorholt: »Ich habe den Mut gehabt«, so teilt uns Goethe mit, »meine drei letzten Bände auf einmal zu überdenken, und ich weiß nun genau was ich machen will (was er bis zu diesem Zeitpunkt offenbar nicht wußte, Vf.), gebe nun der Himmel Stimmung und Glück es zu machen.«[13]

Dann gewährt uns Goethe einen Blick in die römische Faustwerkstatt. Eine paradoxe Szene öffnet sich vor unseren Augen: Wir sehen hier – in der Perspektive von Wilhelm Tischbeins berühmter Zeichnung – jenen aus der Wohnung am römischen Korso neugierig zum Fenster hinausblickenden Goethe, der sich jetzt umdreht, nach dem alten Tragödienmanuskript greift und am Schreibtisch, umgeben von Abgüssen antiker Skulpturen, gleichsam unter den Riesenaugen der kolossal-klassischen Juno Ludovisi, das Drama fortsetzen will vom depressiven urdeutschen Magier Faust, der nächtens im gotischen Zimmer, umgeben von »Rauch und Moder«, »Tiergeripp' und Totenbein« (V. 416 f.),[14] verzweiflungsvolle Monologe spricht.

Noch widersprüchlicher wird man sich die Situation des römischen Faustautors nicht vorstellen können. Und dieser Widerspruch – zwischen Süden und Norden, zwischen dem Italienwanderer Goethe und seinem Faust –

13 MA 15, S. 619.

14 Goethes *Faust* wird mit Angabe der Verszahlen zitiert nach der von Albrecht Schöne besorgten Ausgabe (wie Anm. 6).

Johann Heinrich Wilhelm Tischbein: Goethe am Fenster der römischen Wohnung am Corso (1786/1787). Aquarell, Kreide und Bleistift. Aus: Petra Maisak: *Johann Wolfgang Goethe. Zeichnungen.* Stuttgart 1996, S. 115.

Johann Heinrich Wilhelm Tischbein: Goethe in der Wohnung am Corso (1786/1787). Federzeichnung. Aus: Münchner Ausgabe 15, S. 159.

prägt von nun an die erst im Sommer 1831 zum Abschluß gelangende Arbeit am Tragödienmanuskript. Am Ende von Goethes Leben wird sich dieser Widerspruch zwischen dem Wanderer und Faust in einer Katastrophe entladen.

Daß er in Gestalt seines alten Fausttextes etwas ganz Unpassendes in die lebenslustige Künstlerwohngemeinschaft am römischen Corso hineingeschleppt hat, läßt dieselbe italienische Korrespondenz Goethes vom März 1788 deutlich werden. Umständlich teilt er uns mit: »Zuerst ward der Plan zu *Faust* gemacht, und ich hoffe diese Operation soll mir geglückt sein.« Einschränkend fügt Goethe aber gleich hinzu: »Natürlich ist es ein ander Ding das Stück jetzt (in Rom, im März 1788, Vf.) oder vor funfzehn Jahren ausschreiben (als er etwa 1773, noch im Frankfurter Elternhaus, das Faustdrama begonnen hatte, Vf.), ich denke es soll nichts dabei verlieren, besonders da ich jetzt glaube den Faden wieder gefunden zu haben (den er wohl im Lauf der vergangenen fünfzehn Jahre verloren hatte, Vf.). Auch was den Ton des Ganzen betrifft, bin ich getröstet, ich habe schon eine neue Szene ausgeführt, und wenn ich das Papier räuchre so dächt' ich sollte sie mir niemand aus den alten herausfinden.«[15]

In einer Art Fälscherwerkstatt scheint der Faustautor seiner nicht ganz geheuren Tätigkeit in Rom nachzugehen, die neuen Szenen räuchernd einzuschwärzen, um ihnen nachträglich altertümliche Patina zu verleihen, auf daß niemand dem Text die unterschiedlichen Entstehungszeiten und die damit verbundenen Lebensbrüche ansehen kann. Den Blick von den heterogenen Manuskriptteilen auf die unterschiedlichen Lebensepochen wendend, fügt Goethe

15 MA, S 619.

über sich selbst staunend hinzu: »Da ich durch die lange Ruhe und Abgeschiedenheit (in Italien, Vf.) ganz auf das Niveau meiner eignen Existenz zurückgebracht bin; so ist es merkwürdig wie sehr ich mir gleiche und wie wenig mein Innres durch Jahre und Begebenheiten gelitten hat.«[16]

Und wir können ergänzen: Trotz einer über die vergangenen Jahre in Weimar offenbar andauernden Leidensgeschichte hat sich sein Inneres und mithin sein authentisches Selbstsein im Verborgenen erhalten, ehe es durch jene existentielle Beruhigung, die auf der Flucht nach Italien erlangt wurde, abermals zum Vorschein kam. Im nächsten Moment schaut Goethe im März 1788 wieder auf den Fausttext, als ob es sich um den alten, geschundenen Leib seiner eigenen Leidensgeschichte handle: »Das alte Manuskript macht mir manchmal zu denken, wenn ich es vor mir sehe. Es ist noch das erste, ja in den Hauptszenen gleich so ohne Konzept hingeschrieben (1773 wurden wohl bereits die Nachtszenen Fausts im »gotischen Zimmer« und Margaretes Tragödie »so ohne Konzept hingeschrieben«, Vf.), nun ist es so gelb von der Zeit, so vergriffen (die Lagen waren nie geheftet), so mürbe und an den Rändern zerstoßen, daß es wirklich wie das Fragment eines alten Codex aussieht, so daß ich, wie ich damals in eine frühere Welt mich mit Sinnen und Ahnden versetzte, ich mich jetzt in eine selbst gelebte Vorzeit wieder versetzen muß.«[17]

Da hat es der Faustautor bereits mit verdoppelten Zeitschichten zu tun, wie er mit einigem Überdruß feststellt. Nicht nur muß er sich bei der Wiederaufnahme der Arbeit am Tragödienmanuskript in jene »selbst gelebte Vorzeit«

16 Ebd.
17 Ebd.

Johann Heinrich Wilhelm Tischbein: Zwei junge Männer auf einem Sofa liegend, diskutierend, womöglich eine Szene aus der Künstlerwohnge-meinschaft am Corso (1786/1787). Federzeichnung. Aus: *Die Casa di Goethe in Rom* (Ausstellungskatalog). Rom 2010, S. 20.

Friedrich Bury: Goethe in seinem römischen Freundeskreis (1786/1788). Tuschfederzeichnung. Aus: Petra Maisak: *Johann Wolfgang Goethe. Zeichnungen.* Stuttgart 1996, S. 281.

zurückversetzen, als er während der jugendbewegten Sturm-und-Drang-Epoche mit den ersten »Hauptszenen« des Faustdramas begann, sondern er sieht sich auch noch genötigt, seiner vormaligen Gotik-Faszination folgend, den Tragödienhelden in die »frühere Welt« des »gotischen Zimmers« zu begleiten, und das nun ausgerechnet in Rom, im Zentrum der Klassik. Es beginnt in der italienischen Korrespondenz vom März 1788 jene lange Reihe von Klagen Goethes über den inneren Widerspruch seiner Arbeit am Faustdrama. Da diese Arbeit sein Leben lang andauern sollte, werden die Widersprüche immer größer, wie dann auch die Klagen des Faustautors seine Dichtung stets begleiten, bis hin zur Publikationsverweigerung fünf Tage vor Goethes Tod in seinem letzten Brief an Humboldt.

Ein Wrack in Trümmern: Das Faustmanuskript 1832

Ein letztes Mal spricht Goethe in diesem Moment jene Zerreißungsenergien an, die freigesetzt wurden bei dem mit der lebenslangen Arbeit am Faustmanuskript verbundenen Auseinanderdriften der verschiedenen Zeit-, Existenz- und Textschichten. So zeigt sich der Faustautor im März 1832 im Weimarer Arbeitszimmer immer noch in der gleichen Situation, in der wir ihn bereits in seinem Quartier am römischen Corso sahen, bei dem Versuch also, die disparaten Teile des Dramas, aus weit auseinanderliegenden Lebensepochen herstammend, zu einem Textganzen zu vereinigen. Über solche Mühen der Faustvollendung schreibt Goethe am 17. März 1832 an Humboldt: »Hier trat nun freilich die große Schwierigkeit ein, dasjenige (im Alter, Vf.) durch Vorsatz und Charakter zu erreichen, was eigentlich (in der Jugend, Vf.) der freiwilligen tätigen Natur allein zu kommen sollte.«[18]

Hieß es 1788 in Rom noch, es würden die neu entstehenden Faustszenen »geräuchert«, auf daß sie »niemand aus den alten herausfinden« könne, scheint Goethe 1832 von einer womöglich uneinheitlichen Gestalt der Tragödie nicht mehr sonderlich beunruhigt zu werden. »Ich lasse mich«, so schreibt er an Humboldt, »keine Furcht angehen man werde das Ältere vom Neueren, das Spätere vom Früheren unterscheiden können, welches wir denn den künftigen Lesern zu geneigter Einsicht übergeben wollen.«[19]

Goethes Furcht ist im Alter auf jene andere Zeitdifferenz bezogen, die sich auftut zwischen seiner eigenen Unzeitgemäßheit und den aktuellen Zeitläuften im Jahre 1832, die im Zeichen der industriellen Revolution und der politischen Umbrüche in Europa stehen. In derart turbulenten Verhältnissen, so seine Prognose, sieht er sein fragiles Faustgebäude an der Verständnislosigkeit der Zeitgenossen zerschellen. Über die deprimierende aktuelle Lage heißt es in Goethes Brief an Humboldt: »Der Tag aber ist wirklich so absurd und konfus, daß ich mich überzeuge meine redlichen, lange verfolgten Bemühungen um dieses seltsame Gebäu (die Fausttragödie, Vf.) würden schlecht belohnt und an den Strand getrieben, wie ein Wrack in Trümmern daliegen und von dem Dünenschutt der Stunden zunächst überschüttet werden.«[20] Vor dem Hintergrund dieser düsteren Lage erscheint die Versiegelung des Manuskriptes

18 FA 7/1, S. 812.

19 Ebd.

20 Ebd.

und die Bestimmung des Gesamtfaust zum Opus posthumum als konsequenter Schritt.

Ernst Beutler bemerkte zum Schiffbruchsbild in Goethes Brief an Humboldt: »Welche Tragik liegt in diesen Worten und wieviel Hoffnungslosigkeit nach einem achtzigjährigen Leben und einem sechzigjährigen Schaffen!«[21] Beutler wird hier aufgerufen, weil er zu den großen Goethekennern und erklärten Goetheverehrern zählt, der dennoch die Augen vor den Brüchen in Goethes Leben und Werk nicht verschlossen und den Blick auf die erstaunlichen Lücken und Leerstellen darin gerichtet hat. Und lückenhaft und merkwürdig kryptisch geht es insbesondere in Goethes Auskünften zum Faustdrama zu.

Fausts Bruchstücke, Goethes Konfessionen

Mit der Sekretierung des im Sommer 1831 endlich abgeschlossenen zweiten Tragödienteils treibt Goethe seinen von Anfang an geheimniskrämerisch-verschwiegenen, nicht selten skurrilen Umgang mit dem Faustdrama auf die Spitze. Gereizt ist der Tonfall in seinem letzten Brief an Humboldt wohl vor allem deshalb, weil die Fausttragödie sicherlich das bedeutendste und wiederum höchst zer-

---

21 Ernst Beutler: *Der Kampf um die Faustdichtung* (urspr. 1941/1949), in: *Essays um Goethe*. Erweiterte Frankfurter Ausgabe. Hg. v. Christian Beutler. Frankfurt 1995, S. 595–614, hier S. 607; ebd., S. 610 Beutlers Distanzierung vom »*ästhetischen Monismus*, der im Leben Goethes keine Schatten und in seinem Werk keine Sprünge sieht und der von der Welt nur die Tagesansicht erlebt, ohne von der Nachtansicht zu wissen«. – Dem letzten, wie Humboldt urteilte, »unendlich merkwürdigen Brief« Goethes widmet Albrecht Schöne eine eigene »Fallstudie« (*Der Briefschreiber Goethe*. München 2015, S. 365–394, hier S. 365 das Humboldt-Zitat). Schöne geht auch auf die bruchstückhafte Arbeitsweise des Faustautors – und auf seine Schreibnöte – ein, vor allem jedoch auf die Todesreflexionen in Goethes letztem Brief (S. 375 ff. und 384 ff.).

brechliche Fragment seiner großen Konfession ist, ein heikles Selbstbekenntnis, das er den indolenten Zeitgenossen einer »absurden und konfusen« Weltlage nicht anvertrauen will. Dieser Zusammenhang wird sichtbar, wenn wir auf jenes Schema zu *Dichtung und Wahrheit* schauen, das sich Goethe bei der Konzeption seiner Lebensbeschreibung im Oktober 1809 notiert hatte: »Mein Leben«, so heißt es hier, »ein einzig Abentheuer. Keine Abentheuer durch Streben nach Ausbildung dessen was die Natur in mich gelegt hatte. Streben nach Erwerb dessen was sie nicht in mich gelegt hat. Eben soviel wahre als falsche Tendenz. Deßhalb ewige Marter ohne eigentlichen Genuß. Niederträchtige Necrologen.«[22]

Hören wir noch einmal auf Ernst Beutler, der sich dieses düstere Lebensresümee nicht entgehen läßt: »Welch pessimistisches Wort über ein so großes Dasein! Die letzte Zeile, niederträchtige Necrologen, meint sowohl deren Neigung zu Indiskretionen als auch die Verlogenheit der üblichen Grabreden und Nachrufe, die in Harmonie und Erfüllung umzudeuten pflegen, was zumeist Irrtum und Leiden gewesen. (…) Für das Fazit aber ‚ewige Marter ohne eigentlichen Genuß‘, wie viele ähnliche Äußerungen Goethes aus Briefen und Gesprächen in der Jugend, Mitte des Lebens und im Alter ließen sich anführen!«[23] Ohne indiskret zu werden, beschränken wir uns darauf festzustellen, daß Goethes autobiographisches Schema als Grundstruktur seines Lebens den Widerspruch benennt zwischen wahrer, das heißt natürlicher, und falscher, mithin unnatürlicher

22 WA 1 26, S. 364/FA 14, S. 1055.

23 Ernst Beutler: *Dichtung und Wahrheit* (urspr. 1949), in: *Essays um Goethe* (wie Anm. 21), S. 681–760, hier S. 685.

Tendenz. Der identitätsgefährdende Konflikt zwischen authentischer und bloß eingebildeter Begabung rückt ins Zentrum der kritischen Selbstreflexion.

Weiterhin werden wir hellhörig, da Goethe vom »Streben« spricht, das wir als Faustwort par excellence kennen, zumal hier die Rede ist von jenem »Streben nach Erwerb dessen«, was die Natur gerade nicht in ihn gelegt habe, weshalb dieses Streben den Widerspruch zwischen »wahrer« und »falscher Tendenz« befördert und in die »ewige Marter ohne eigentlichen Genuß« geführt habe. »Ewige Marter ohne eigentlichen Genuß« hinwiederum ist eine konkrete Umschreibung der Bewußtseinslage im »gotischen Zimmer«, von Faust also. Der wird freilich in *Dichtung und Wahrheit* nicht einmal erwähnt. Über die befremdliche Leerstelle heißt es bei Beutler: »Die auffälligste Lücke aber ist das Schweigen vom Faust. Das Hauptwerk nicht nur der Jugend, ja des ganzen Lebens, es wird kaum erwähnt und vor allem nicht gedeutet. (…) er hat vor allem ganz davon geschwiegen, wie und wann und aus welchen Erlebnissen heraus, von welchen Begegnungen genährt, der Urfaust entstanden und gewachsen war.«[24]

Nicht anders als die Erinnerungen in *Dichtung und Wahrheit* sind auch die das Faustdrama ansprechenden italienischen Partien der Goetheschen Lebensbeschreibung dem Schweigegebot des Faustautors unterworfen. In der zitierten römischen Korrespondenz vom März 1788 hat uns Goethe nur mitgeteilt, *daß* er die Brüche zwischen alten und neu hinzukommenden Tragödienteilen durch das vereinheitlichende »Räuchern« des Gesamttextes vertuschen will. Über das, *was* er in Rom dem alten Faustmanuskript

24 Ebd., S. 746.

neu hinzufügt und aufgrund welcher italienischen Erfahrungen das geschieht, erfahren wir indessen nichts.

Das gilt auch für die raren weiteren und stets etwas sonderbaren Faustauskünfte in der *Italienischen Reise* und in Goethes italienischen Briefen. Hier begegnet uns Faust vornehmlich als Last, als Agent des Trübsinns und als solcher fehl am Platze in der mediterranen Euphorie. In der Regel tritt er als Begleiter Tassos auf. Die beiden Melancholiker personifizieren die verhängnisvolle »Disproportion des Talents mit dem Leben« und mithin eben den gleichen lebensgeschichtlichen Ballast, den der Italienwanderer im Süden mit sich herumschleppt und endlich loswerden, in Poesie verwandeln will.[25]

Über den italienischen Befreiungsakt vom eigenen Depressionspotential, das bei der »großen Konfession« naturgemäß auch in die Faust- und Tassofigur eingeht, urteilt Goethe in der Altersperspektive seiner Gespräche mit Eckermann. Die beiden unterhalten sich über die Rezension, die der französische Literaturkritiker Jean Jacques Ampère zu den von Frédéric Stapfer übersetzten »Oeuvres dramatiques de J. W. Goethe« geschrieben hat. Für ein Mal bricht Goethe bei dieser Gelegenheit sein Schweigen und bekennt ohne weitere Umschweife: »Er (Ampère, Vf.) hat den abwechselnden Gang meiner irdischen Laufbahn und meiner Seelenzustände im Tiefsten studiert und sogar die Fähigkeit gehabt, das zu sehen, was ich nicht ausgesprochen und was, so zu sagen, nur zwischen den Zeilen zu lesen war. Wie richtig hat er bemerkt, daß ich

---

25 Caroline Herder am 20. 3. 1789 an Johann Gottfried Herder zu ihrem Gespräch mit Goethe über *Tasso*: »Von diesem Stück sagte er mir im Vertrauen den eigentlichen Sinn. Es ist die *Disproportion des Talents mit dem Leben*« (zitiert nach MA 3.1, S. 934).

in den ersten zehn Jahren meines weimarischen Dienst- und Hoflebens so gut wie gar nichts gemacht, daß die Verzweiflung mich nach Italien getrieben, und daß ich dort, mit neuer Lust zum Schaffen, die Geschichte des Tasso ergriffen, um mich in Behandlung dieses angemessenen Stoffes von demjenigen frei zu machen, was mir noch aus meinen Weimarschen Eindrücken und Erinnerungen Schmerzliches und Lästiges anklebte. Sehr treffend nennt er daher auch den Tasso einen gesteigerten Werther. Sodann über den Faust äußert er sich nicht weniger geistreich, indem er nicht bloß das düstere, unbefriedigte Streben der Hauptfigur, sondern auch den Hohn und die herbe Ironie des Mephistopheles als Teile meines eigenen Wesens bezeichnet.«[26]

Ganz so praktisch, wie es Goethe im Altersrückblick gerne sehen will, ist es aber bei den Therapiebemühungen des Italienwanderers – in ihrem literarischen Teil – nicht zugegangen. In den römischen Notaten des Herbstes 1787 ist eher die Stimme eines völlig erschöpften und um Reduktion des Schreibpensums flehenden Autors zu vernehmen. Unter dem Datum des 3. November 1787 heißt es: »Nun liegen noch so zwei Steine vor mir, Faust und Tasso. Da die barmherzigen Götter mir die Strafe des Sisyphus auf die Zukunft erlassen zu haben scheinen, hoffe ich auch diese Klumpen den Berg hinauf zu bringen. Bin ich einmal damit oben, dann soll es aufs neue angehn«.[27] Die Anspielung auf Sisyphus' Arbeit wiederholt Goethe im Februar 1788 im Brief an Herzog Carl August. Unterdessen allerdings hat sich bereits herausgestellt, daß, anders als Tassos Stein,

---

26 Goethe zu Eckermann, 3. 5. 1827 (MA 19, S. 563 f.).
27 MA 15, S. 516.

der Faustklumpen über einen ungleich höheren Berg ge-
wälzt werden muß: »Nun steht mir fast nichts als der Hügel
Tasso und der *Berg Faustus* vor der Nase. Ich werde weder
Tag noch Nacht ruhen biß beyde fertig sind.«[28]

Faust und Faustina

Solche nach Weimar versandten Nachrichten des nach
Italien Entwichenen über sein heroisches Arbeitspensum
entsprachen gerade während der ersten Monate des Jahres
1788 nicht ganz der Realität, da Goethe heitere Tage und
vor allem fröhliche Nächte verbrachte, die eben nicht im
Zeichen von Faustus, sondern unter dem Stern Faustinas,
der römischen Geliebten Goethes, standen. Die Schreibar-
beit am Faustmanuskript ruht wohl während dieser Glück-
sepoche Goethes.[29] Und doch können wir zugleich von der
Inkubationszeit sprechen, während der sich die neue Faustidee entwickelte: Ex negativo nämlich sollte Fausts Drama
fortan das italienische Glück spiegeln. Als Infaustissimus
negiert Faust von nun an kategorisch das euphorische
Dasein, bedeutende Ausnahmen – Faust in »Wald und
Höhle« (*Faust I*) und in der »Anmutigen Gegend«, später
dann gar in Griechenland neben Helena (*Faust II*) – bestäti-
gen die Regel von Fausts Glücksnegation. So entsteht in der
Doppelperspektive auf Italienerinnerungen und Fausttext

---

28 WA IV 8, S. 347.

29 Die raren Spuren und versteckten »Quellen«, die sich aus dieser Zeit erhalten
haben – trotz Goethes gerade auch über jene römische Frau verhängten autobiographischen Schweigeregiments, mit der ihn ein Liebesverhältnis verband –, sind in
der bewundernswerten Recherche Roberto Zapperis erschlossen (*Das Inkognito.
Goethes ganz andere Existenz in Rom.* Aus dem Italienischen v. Ingeborg Walter
[urspr. 1999]. München 2010).

der Eindruck, als gelte die besondere Wut des Tragödienhelden gerade Goethes lebensrettender italienischen Erfahrung jenes schönen Augenblicks, der die Übereinstimmung
von Selbst und Welt möglich werden läßt. Diese neue
Faustkonzeption, die auf den in seiner eigenen Persönlichkeit ausgetragenen Konflikt zurückgeht, mußte Goethe
allerdings so ungeheuerlich erscheinen, daß er sie sogleich
mit hineinnahm in den vom italienischen Inkognito ver-
deckten Lebensbereich und infolgedessen nur noch kryptisch davon sprach und überdies fragmentarisch, wie
immer, wenn es um seine »große Konfession« ging.

Welche lebensgeschichtlichen Brüche zwischen den
Einzelteilen dieses gewaltigen Bekenntnisses klaffen, wird
in Goethes Œuvre selten so deutlich wie in der März-Kor-
respondenz des Jahres 1788 im *Zweiten Römischen Aufenthalt*, da auf die im klassischen Umfeld so anachronistisch
wirkenden Erinnerungen an die düster verräucherte Faust-
welt die lichterfüllten Glücksmeldungen des Italienwanderers folgen, darin er bekennt: »Ja ich kann sagen daß ich die
höchste Zufriedenheit meines Lebens in diesen letzten acht
Wochen genossen habe, und nun wenigstens einen äußersten
Punkt kenne, nach welchem ich das Thermometer meiner
Existenz künftig abmessen kann.«[30] Zur Euphorie dieser
Korrespondenz zählt weiterhin der Blick aus der römischen Wohnung – »vor meinem Fenster ist ein Paradies«–
sowie die Erkenntnis des Briefschreibers, daß er in Rom
sich »selbst zuerst gefunden« habe, hier »zuerst überein-
stimmend« mit sich selbst, »glücklich und vernünftig
geworden« sei.[31] Es sind samt und sonders antifaustische

30 MA 15, S. 622 (Rom, 14. 3. 1788).
31 Ebd., S. 625.

28

Goethe: Blick vom Monte Pincio auf die Peterskirche (1787). Bleistift und Feder. Aus: Petra Maisak: *Johann Wolfgang Goethe. Zeichnungen.* Stuttgart 1996, S. 132. Corpus III, 21.

Goethe: Rompanorama mit der Porta del Popolo (1787). Federzeichnung. Aus: Petra Maisak: *Johann Wolfgang Goethe. Zeichnungen.* Stuttgart 1996, S. 156. Corpus III, 34.

Selbstbestimmungen, die Goethe dem Bericht über den römischen Faustplan folgen läßt und die uns den »Plan« erahnen lassen, der in der Wohnung am Corso ausgedacht wurde für die künftige Arbeit am »alten Manuskript«: Faust und der italienische Wanderer werden fortan die Widersacher in Goethes großer Konfession sein, die die beiden Seiten seiner Persönlichkeit widerspiegeln.

In ihr spielt sich gleichsam der Bußkampf eines Konvertiten ab, der nach dem Vorbild der religiösen – in Goethes Fall: pietistischen – Bekehrungsschriften von einer »Wiedergeburt« und von seinem »zweiten Geburtstag« in Rom berichtet.[32] Das geschieht in den in Italien geschriebenen Bekenntnissen allerdings im Sinne eines ganz und gar weltlichen Erweckungserlebnisses. Der Streit in dem die Konvertiten typischerweise mit sich selbst um das richtige – eigentlich: gottesfürchtige! – Leben ringen, verliert in Goethes profaner Konfessionsvariante nichts von seiner Härte. Solch konvertitenhafter Extremismus ist daher auch

32 Unter dem Datum des 3. 12. 1786: »(…) ich zähle einen zweiten Geburtstag, eine wahre Wiedergeburt, von dem Tage, da ich Rom betrat« (ebd., S. 174). Am 13. 12. 1786 spricht Goethe dann von seinem römischen »salto mortale« (S. 175). Daß der Italienwanderer von Beginn an, seit seinem konspirativen Aufbruch – »früh drei Uhr stahl ich mich aus Carlsbad« (S. 9), – mit seiner Pilgerreise nach Rom die Hoffnung auf ein Bekehrungs- und Wiedergeburtserlebnis verband, geht aus dem Brief vom 18. 9. 1786 hervor, den er noch vor Verona aus an das Ehepaar Herder schreibt: »Ich halte mir den Mund zu um nichts weiter zu sagen. Bey dem Besten was mir wiederfährt hoff ich auf eine glückliche Wiederkehr zu Euch und hoffe wiedergebohren zurückzukommen« (WA IV 8, S. 25). Im Sinne dieses zunächst verschwiegen angestrebten Pilgerziels beginnt der erste römische Tageseintrag in der *Italienischen Reise* mit den Worten: »Endlich kann ich den Mund auftun und meine Freunde mit Frohsinn begrüßen. Verziehen sei mir das Geheimnis und die gleichsam unterirdische Reise hierher« (MA 15, S. 146). – Den Vorübungen der großen Italienwanderung, die während der zweiten Schweizreise Goethes am Gotthardpaß stattfinden, hat Adolf Muschg ein wundervolles Buch gewidmet (*Der weiße Freitag. Erzählung vom Entgegenkommen*. München 2017). Auch die lebensrettende römische »Wiedergeburt« – im schönen Augenblick des Gleichklangs von Selbst und Welt – findet in Muschgs Perspektive an den Hängen des Gotthardmassivs ihre Präfiguration. Das poetische Korrespondenzbild des euphorischen Existenzmoments in Goethes Klassik zeichnet Muschg in Goethes Elegie *Alexis und Dora* nach.

dem existentiellen Abgrund anzusehen, der das Ruheideal des Wanderers und seine Aufschwünge in die Daseinsfreude schroff von Fausts Verzweiflungsattacken und von seiner panischen Flucht ins pausenlose Divertissement absetzt.

Nord-Süd-Gegensatz: Depression und Euphorie am Morgen

Der Widerspruch zwischen den beiden Figuren und ihren konträren Affektlagen ließe sich durch Goethes gesamtes Werk verfolgen. Exemplarische Deutlichkeit gewinnt dieser Konflikt jedoch vor allem in Goethes Arbeit am Faustdrama. Etwa zu der Zeit, da er mit Schiller den Briefwechsel über *Faust* führt, schreibt Goethe die beiden Studierzimmerszenen des ersten Dramenteils, die Fausts radikale Kritik der Daseinsbedingungen enthalten und den Pakt mit Mephisto vorbereiten. Dazu zählt auch die folgende bittere Klage Fausts: »Nur mit Entsetzen wach' ich Morgens auf,/Ich möchte bittre Tränen weinen,/Den Tag zu sehn, der mir in seinem Lauf/Nicht Einen Wunsch erfüllen wird, nicht Einen,/Der selbst die Ahnung jeder Lust/Mit eigensinnigem Krittel mindert,/Die Schöpfung meiner regen Brust/Mit tausend Lebensfratzen hindert./Auch muß ich, wenn die Nacht sich niedersenkt,/Mich ängstlich auf das Lager strecken;/Auch da wird keine Rast geschenkt,/Mich werden wilde Träume schrecken./Der Gott, der mir im Busen wohnt,/Kann tief mein Innerstes erregen;/Der über allen meinen Kräften thront,/Er kann nach außen nichts bewegen;/Und so ist mir das Dasein eine Last,/Der Tod erwünscht, das Leben mir verhaßt« (V. 1554 ff.). Das mor-

gendliche Entsetzen und die abendliche Angst Fausts ant-
worten auf einen in seinen Augen unaufhebbaren polemischen Gegensatz wischen Selbst und Welt, Wunsch und
Wirklichkeit. Nie ist der erkenntniskritische Graben zwischen Subjektivität und Objektivität zu überwinden,
niemals finden Innen und Außen zueinander. Im »gotische
Zimmer« lebt Faust gleichsam in der Verbannung und im
Exil. Eingesperrt ist sein machtloses Selbstbewußtsein ins
»Mauerloch« der totalen Entfremdung (V. 399), aus dem
nur noch der Todeswunsch herauszuführen vermag.

Diesen Morgen- und Abenddepressionen Fausts wäre
die Morgen- und Daseinseuphorie des Italienwanderers
Goethe gegenüberszustellen, der, kaum hat er die Alpensüdseite erreicht, ausruft: »Und nun wenn es Abend wird,
bei der milden Luft wenige Wolken an den Bergen ruhen,
am Himmel mehr stehen als ziehen, und gleich nach Son-
nenuntergang das Geschrille der Heuschrecken laut zu
werden anfängt, da fühlt man sich doch einmal in der Welt
zu Hause und nicht wie geborgt oder im Exil. Ich lasse mirs
gefallen als wenn ich hier geboren und erzogen wäre, und
nun von einer Grönlandsfahrt, von einem Wallfischfange
zurückkäme.«[33] In Venedig angekommen, lautet dann sein
begeistertes Tagesresümee: »Ein köstlicher Tag, vom Mor-
gen bis in die Nacht!«[34] Hier hatte er zum ersten Mal das
Meer gesehen und am Lido ausgerufen: »Was ist doch ein
Lebendiges für ein köstliches, herrliches Ding! Wie abge-
messen zu seinem Zustande, wie wahr, wie seiend!«[35] Zahl-
los sind die euphorischen Notate des Italienwanderers, die

---

33 MA 15, S. 26.
34 Ebd., S. 105.
35 Ebd., S. 108.

sich Fausts trostlosem Befund der Daseinslast, der »Lebensfratzen« und des aus ihnen hervorbrechenden Lebenshasses entgegensetzen ließen.

Da Goethe der Form nach in der *Italienischen Reise* tatsächlich eine Konfession ablegt und als Wiedergeborener von seiner römischen Bekehrung berichtet, leiht er sich die entsprechenden Bilder und Zitate aus der religiösen und theologischen Überlieferung: »So lebe ich denn glücklich weil ich in dem bin was meines Vaters ist«, bekennt der Italienwanderer mit dem Evangelisten Lukas im *Zweiten Römischen Aufenthalt*.[36] Die geistliche Übereinstimmung von Gottvater und Sohn im Tempel von Jerusalem dient Goethe als bedeutungsvolle Illustration seiner weltlichen Glückserfahrung, in Rom und in Italien das ihm vollkommen gemäße Lebenselement gefunden zu haben. In profaner Wendung bemerkt Goethe über dieses euphorisierende, spezifisch faustfremde Daseinserlebnis: »Es ist nur ein Rom in der Welt und ich befinde mich hier wie der Fisch im Wasser und schwimme oben wie eine Stückkugel im Quecksilber, die in jedem andern Fluidum untergeht.«[37]

In den dem Tragödienmanuskript später hinzugefügten Studierzimmerszenen, die die in Rom begonnene »Ein-

---

36 Ebd., S. 483/Lk 2, 49. – Zu den wiederholten Anspielungen auf das religiöse Umfeld von Pilgerreise und Konversion zählt auch die bereits »Auf dem Brenner« ausgesprochene »Hoffnung« des Wanderers, »unter dem Acht und Vierzigsten« Breitengrad »ein wahres Gosen« betreten zu haben (ebd., S. 18 f. – mit Bezug auf Gen 45,10 u. 47, 1–11, wo Joseph seinen Brüdern und seinem Vater Jakob Gosen in Ägypten als rettendes Pilger- und Wanderziel weist) und, typisch für Goethes unorthodoxen Synkretismus, die Wendung zum muslimischen Pilgermodell im »Bericht« vom September 1787, in dem der Wanderer – in Rom! – den zweiten Jahrestag seiner »Hegire von Carlsbad« feiert (S. 484 – mit Bezug auf die Auswanderung bzw. Hidschra [franz. Hegire] Mohammeds von Mekka nach Medina, wo er vor den Häretikern und Ungläubigen, die ihm nach dem Leben trachten, sicher zu sein glaubt).

37 Ebd., S. 431.

schwärzung« der alten Faustkonzeption noch ausweiten, verkehrt Goethe dann auf systematische Manier die italienische Glückserfahrung einer Übereinstimmung von Selbstsein und In-der-Welt-Sein in ihr Gegenteil. Um das Existenzgefühl auf den Begriff zu bringen, das sich in Fausts Fall einstellt, in dem nichts seinem Zustand angemessen, alles falsch und lebenswidrig zu sein scheint und offenbar jede Heimkehr ins Asyl der Welt versperrt ist, um also dieses Unglück der verlorenen Einheit von Selbst und Welt darzustellen, wird der Faustautor abermals auf ein biblisches Motiv zurückgreifen und im Trauerspiel des gotischen Zimmers eine moderne Variante des biblischen Hiob-Experiments in Szene setzen.

Nach der zwischen dem Herrn und dem Diabolos im Hiobbuch vereinbarten Geduldsprobe – auf die Goethe im »Prolog im Himmel« anspielt (V. 299 ff.) – fällt der alttestamentliche Gottesknecht aufgrund des über ihn kommenden Leids aus eben dem Gottvertrauen heraus, das der lukanische Jesus in dem Bekenntnis »ich bin in dem, was meines Vaters ist« ausspricht. In der modernen Version der biblischen Geduldsprobe, die Goethe ins Studierzimmer verlegt, katapultiert sich Faust, der »Knecht« und nun auch »Doktor«, selbst – aufgrund seines Erkenntnisleidens! – mit Mephistos Unterstützung aus allem Weltvertrauen hinaus in die absolute Verzweiflung und verflucht die Kardinaltugenden Glaube, Liebe und Hoffnung sowie die sie umgreifende Geduld (V. 1604 ff.), zu der Hiob freilich den Weg zurückgefunden hatte. Nicht der Gottesglaube, sondern das Weltvertrauen wird in Fausts Tragödie auf die Probe gestellt, was freilich in den Augen des Italienwanderers – wir können auch sagen in der spinozistischen Perspektive Goethes – das gleiche ist. Denn wie der Fisch im Wasser und wie der Wanderer in Rom so ist der Nazarener im Tempel von Jerusalem in dem ihm vollkommen angemessenen »Fluidum« bei sich selbst und zu Hause.[38]

Neue italienische Szenen: »Faust. Mephistopheles.«

Wenn wir uns an dieser Stelle der römischen Faustwerkstatt erinnern, in der die neuen Szenen geräuchert werden sollten, und fragen: Was hat Goethe eigentlich mitgebracht aus Italien, wo doch der große Faustklumpen über den Berg gewälzt werden sollte? Dann stellen wir fest: Herzlich wenig neue Faustverse hatte er im Gepäck bei der Rückkehr nach Weimar. Vergleicht man das Faustfragment von 1790 mit dem »alten Manuskript« – also mit dem von der Goetheforschung erst viel später aufgefundenen sogenannten »Urfaust« – so zeigt sich, daß seit der Flucht nach Italien lediglich die Szenen »Faust. Mephistopheles.«, »Hexenküche« sowie die Eingangspartie der Szene »Wald und Höhle« hinzugefügt wurden. Im Augenblick der größten Niedergeschlagenheit Fausts stellt ihm Goethe – noch in Rom oder kurz nach der Rückkehr aus Italien – Mephisto zur Seite. Ohne die erst viel später hinzukommende Verwandlung des Pudels ist Mephisto plötzlich da im Faustfragment von 1790. »Faust. Mephistopheles« lautet der Verschronologie entsprechend die erste italienische Zeile, die Goethe ins alte Manuskript eingetragen hat, als sei Faust jetzt um die Dimension Mephisto erweitert worden.

---

38 Ausführlich zur Hiobkonstellation in den Studierzimmerszenen vgl. vom Vf.: *Wanderers Verstummen, Goethes Schweigen, Fausts Tragödie – oder: Die Große Transformation der Welt.* Würzburg 2014, S. 290–301.

Vor seinem neuen Gesellschafter schwingt sich Faust sogleich noch einmal auf zur autosuggestiven Erweiterung des eigenen, ob seiner Machtlosigkeit unzureichend empfundenen Selbst: »Und was der ganzen Menschheit zugeteilt ist,/Will ich in meinem innern Selbst genießen,/Mit meinem Geist das Höchst' und Tiefste greifen,/Ihr Wohl und Weh auf meinen Busen häufen,/Und so mein eigen Selbst zu ihrem Selbst erweitern,/Und, wie sie selbst, am End' auch ich zerscheitern« (V. 1770 ff.). Mit der Attitüde des erfahrenen Freundes wehrt Mephisto solche Ambitionen Fausts aufs Menschheitsganze ab. »Glaub unser einem, dieses Ganze/Ist nur für einen Gott gemacht!« (V. 1780 f.).

Die Faust umtreibende Utopie eines unmittelbaren Verhältnisses von Selbst und Welt und eines direkten Zugriffs auf die »Quellen alles Lebens« (V. 456) werde nicht, so Mephistos verführerische Botschaft, als Welterkenntnis und Seinsspekulation realisiert im Sinne der von Faust erhofften Schau jenes Wesens, das die »Welt/Im Innersten zusammenhält« (V. 382 f.), sondern verwirklicht werde dieser Traum als Konsum der Welt. Mephisto zu Faust: »Ich sag' es dir: ein Kerl, der spekuliert,/Ist wie ein Tier, auf dürrer Heide/Von einem bösen Geist im Kreis herum geführt,/Und rings umher liegt schöne grüne Weide« (V. 1830 ff.). Mephisto aber empfiehlt sich sogleich in der Rolle eines guten Geistes, der dasselbe »Tier« auf die »schöne grüne Weide« führt, deren natürliche Bestimmung es zu sein scheint, konsumiert zu werden.

Eine authentische Selbst- und Welterfahrung – um die doch gerade der Italienwanderer ringt – ist auf dem Wege von Mephistos Materialismus sicherlich nicht zu erreichen. Er drängt Faust vielmehr in die Verhältnisse einer scheinhaften Vermittlung von Selbst und Welt und zwar gerade dann, wenn er als Herr über die Mittel auftrumpft, der Geldmittel nicht zuletzt, mit denen Fausts Lebensproblem des verhinderten Zugriffs auf die Kräfte des Seins gelöst werden könne: »Wir müssen das gescheiter machen,/Eh' uns des Lebens Freude flieht./Was Henker! Freilich Händ' und Füße/Und Kopf und H[intern] die sind dein;/Doch alles, was ich frisch genieße,/Ist das drum weniger mein?/Wenn ich sechs Hengste zahlen kann,/Sind ihre Kräfte nicht die meine?/Ich renne zu und bin ein rechter Mann,/Als hätt' ich vier und zwanzig Beine« (V. 1818 ff.).[39]

Salto mortale in Rom – neuer Lebenslauf im gotischen Zimmer

Auch als Wissenschaftsrebell weiterhin im Horizont der Tradition der spekulativen Weltbetrachtung stehend, tastet sich Faust nur unsicher an das Angebot des Versuchers heran – und Mephisto packt ihn sofort: »FAUST. Wie fangen wir das an?/MEPHISTOPHELES. Wir gehen eben fort./Was ist das für ein Marterort?« (V. 1834 ff.). Mephisto öffnet die

---

39 Mephisto, so Peter Michelsens Beobachtung, ist der Herr über die Mittel, der jeden realen Mangel – des rechten Sinns, des wahren Bewußtseins und zuletzt des authentischen Lebens – reduziert auf einen Mangel der Mittel. Als solcher aber ist er der »Advokat des Nichts«, denn der scheinhaften Reduktion des realen Mangels auf einen Mangel der Mittel folgt stets die Zerstörung der Realität (dazu Michelsens Aufsätze *Mephistos »eigentliches Element«. Vom Bösen in Goethes Faust* sowie *Der Rat des Narren. Die Staatsratsszene in Goethes »Faust II«*, in: *Im Banne Fausts. Zwölf Faust-Studien.* Würzburg 2000, S. 171–191 und S. 124–160, hier S. 173 und S. 134 ff.). – Mephistos Gleichnis von den sechs Hengsten dient Karl Marx in den Ökonomisch-philosophischen Manuskripten von 1844 als Illustration der scheinbar »wahrhaft schöpferischen«, in der Tat jedoch realitätsauflösenden »Kraft« des Geldes, die die »Verwechslung und Vertauschung der Dinge« sowie »aller natürlichen und menschlichen Qualitäten« vorantreibt und zuletzt in die »verkehrte Welt« – ins entfremdete Sein also – führt (zitiert und erläutert im Faustkommentar Albrecht Schönes, FA 7/2, S. 266 f.).

Tür, die aus dem gotischen Zimmer, dem »Marterort« des modernen Bewußtseins, hinausführt ins pralle Leben. »Indessen mache dich zur schönen Fahrt bereit!« (V. 1850) ruft Mephisto Faust noch schnell zu – in dem in Italien dem Text neu hinzugefügten Bruchstück! –, bevor das bereits im alten (voritalienischen) Manuskript enthaltene Intermezzo des Schülerauftritts beginnt. Nach dem Abgang des Schülers meldet sich Faust – in desgleichen erst in Italien entstandenen Versen – zurück: »Wohin soll es nun gehn?« (V. 2051), fragt er unsicher seinen Versucher, der triumphierend antwortet: »Wohin es dir gefällt./Wir sehn die kleine, dann die große Welt./Mit welcher Freude, welchem Nutzen/Wirst du den Cursum durchschmarutzen! (V. 2051 ff.).

Mephisto faßt das dramatische Geschehen, das in Rom ins alte Manuskript eingefügt wurde, feierlich zusammen und beglückwünscht Faust zum Bruch mit seiner bisherigen Existenz: »Ich gratuliere dir zum neuen Lebenslauf!« (V. 2072). Goethes italienischer Salto mortale ins neue Leben und ins Glück, seine Wiedergeburt und sein zweiter Geburtstag in Rom, finden also ihre dramatische und zugleich mephistophelisch-zynische Entsprechung in Fausts »kühnem Schritt« zum »neuen Lebenslauf« und mithin in Fausts Wiedergeburt. Diese ungeheuerliche Koinzidenz von Lebens- und Werkgeschichte vor Augen, wird man bemerken, daß mit der italienischen Neukonzeption des Faustdramas die lebenslange Sisyphosarbeit Goethes beginnt, Faust-Mephisto als Schattengestalt seiner eigenen Lebensgeschichte nachzuzeichnen.

Das geschieht in den meisten Szenen des Dramas unter negativen Vorzeichen. Die Fehler, Nöte, Obsessionen und Illusionen, die Dispositionen zu Depression und Verzweiflung, denen Goethe selbst in Italien konvertitenhaft abzu-

schwören trachtete, läßt er, desgleichen in Italien, zu
den Charakteristika seines Dramenhelden Faust werden.
Dessen »düsteres unbefriedigte Streben« sowie auch der
»Hohn und die herbe Ironie des Mephistopheles« sind, wie
es Goethe in dem bereits zitierten Gespräch mit Eckermann
eingestand, die »Teile« seines »eigenen Wesens«, von denen
er sich auf seiner Wanderung in den Süden »frei zu machen«
sucht. Weil dieses Emanzipationsunternehmen aber wohl
vor allem verbunden ist mit Goethes verzweiflungsvoller
Flucht aus der Bindung an Charlotte von Stein – der er sich
entzog, um nicht selbst zum »gesteigerten Werther« zu
werden –, gewinnen die entsprechenden Bruchstücke seiner
Konfession ihre ungeheure emotionale Wucht. Sie tönt in
ihren wechselnden enthusiastischen und melancholischen
Stimmlagen »zwischen den Zeilen«, wenn man nur die
Fragmente der *Italienischen Reise* und des Faustdramas
nebeneinander hält und als Teile ein und desselben
Bekenntnisses Goethes über seine »irdische Laufbahn« und
über seine »Seelenzustände« wahrnimmt.

Antagonisten der Selbstbefreiung: Faust und der Wanderer

Goethe mochte es in Weimar ebenso beklemmend eng
zumute gewesen sein wie Faust im gotischen Zimmer. Mit
ihm gemeinsam bricht Goethe aus der kleinen Welt aus, die
auch ihm zum Lebenshindernis geworden war, nimmt
Faust mit bei der Flucht in den Süden. Dort aber scheinen
sich die Wege der beiden Flüchtlinge unwiderruflich von-
einander zu trennen – um gleichwohl stets aufeinander
bezogen zu bleiben. Denn Goethe läßt aus Faust den tragi-

schen Antagonisten seiner eigenen Selbstbefreiung werden. Während Goethe in Rom die »große Schule« besucht, auf daß ihm die europäische Überlieferung ein lebendiges Wort werde und er die genialischen Kardinalfehler eines Dilettantendaseins korrigiere, führt Faust den radikalen Bruch mit derselben Bildungsidee herbei, protestiert mit eben dem vom Italienfahrer verworfenen Titanenpathos gegen jede Art von Schule, Universität und Studium und beginnt mit der Revolution, die Welterkenntnis und Daseinskontemplation ersetzt durch eine voluntaristische Praxis und durch den Willen zu einem neuen Zugriff auf die Welt. Fausts zunächst auf das Kontemplationsprinzip der Philosophie zielende geistige Revolution gegen die Tradition Europas erweitert Goethe dann viel später, Jahre und Jahrzehnte nach seiner Italienreise zu einem dramatischen Panorama der politischen und ökonomischen Revolution zwischen 1789 und 1830. Zum typischen Repräsentanten der Revolutionsära entwickelt sich der Ungeduldige des gotischen Zimmers unter Goethes endlosen Textbearbeitungen dann mehr und mehr. Auch daraus sollte eine Sisyphosarbeit werden, die ihren konsequenten Abschluß erst 1831 bei der Vollendung der Tragödie im Widerschein der Pariser Julirevolution und in Fausts saint-simonistischen Versen des vierten und fünften Akts finden wird.[40]

Bereits in Rom hat Goethe einen Monolog Mephistos ins Tragödienfragment eingefügt. Ausdruck verleiht er –

[40] Über das europäische Revolutionszeitalter im Hintergrund der Fausttragödie im allgemeinen und über das – insbesondere in die zuletzt geschriebenen Szenen von *Faust II* eingegangene – Krisenbewußtsein Goethes vgl. vom Vf.: *Fausts Kolonie. Goethes kritische Phänomenologie der Moderne.* Würzburg 2004. – Zur revolutionären Statur Fausts und zu den Anspielungen auf die Pariser Julirevolution und auf das Industrieevangelium des Saint-Simonismus im vierten und fünften Akt des zweiten Tragödienteils desgleichen vom Vf.: *Wanderers Verstummen* (wie Anm. 38), S. 421–453 und 474–527.

nun gerade im Lichte von Goethes italienischen Glücks-
erfahrungen – der mit der neuen römischen Faustidee verbundenen kritischen Umwertung des Geschehens im »gotischen Zimmer«, das doch einst, in den Tagen des Sturm und
Drang, mit einer identifikatorischen Absicht, gleichsam in
Prometheusgeste konzipiert worden war. In den neuen italienischen Versen allerdings kündigt Mephisto, alleine auf
der Bühne, ein Drama des freudlosen und zwanghaften
Strebens sowie der nichtigen Vergeblichkeit an. Auf Faust
bezogen heißt es da: »Verachte nur Vernunft und Wissenschaft,/Des Menschen allerhöchste Kraft,/Laß nur in
Blend- und Zauberwerken/Dich von dem Lügengeist
bestärken,/So hab' ich dich schon unbedingt –/Ihm hat das
Schicksal einen Geist gegeben,/Der ungebändigt immer
vorwärts dringt,/Und dessen übereiltes Streben/Der Erde
Freuden überspringt« (V. 1851 ff.).

Verglichen mit der euphorischen Erfahrung des Italienwanderers, im Süden endlich zur Ruhe zu kommen und
jene Existenzkrise überwinden zu können, über die es in
einem römischen Brief an Charlotte von Stein heißt, »ver-
zeih mir ich kämpfte selbst mit Todt und Leben und keine
Zunge spricht aus was in mir vorging«[41], verglichen also mit
Goethes italienischer Rückkehr ins Leben und seinem hier
neu beginnenden Lebenslauf, wird man das von Mephisto
entworfene Programm des ruhelosen »immer vorwärts«
Dringens Fausts als polemischen Gegenentwurf zu den
italienischen Erfahrungen Goethes verstehen.

In den in Rom dem alten Manuskript eingepaßten
neuen Textteilen gestaltet Goethe, in durchaus selbstkriti-
scher Absicht, das Bewußtsein seines Tragödienhelden zum

41 WA IV 8, S. 102.

Musterfall anmaßender, das Sein der anderen und das Welt-
ganze beanspruchender Subjektivität. Die ersten Verse, um
die das alte Manuskript in Rom ergänzt wurde, spricht
Faust denn auch, wie wir gehört haben, in dem leiden-
schaftlichen, katastrophisch aufgeladenen Prometheuston,
den Goethe seinerseits in Italien ein für allemal ablegen
sollte. Auf Fausts Absicht, sein Selbst im Menschheits- und
Weltmaßstab zu erweitern und auf Mephistos Replik, die
freilich gerade auf das Anstacheln von Fausts maßlosem
Begehren kalkuliert ist – »dieses Ganze/Ist nur für einen
Gott gemacht!« –, folgt daher Fausts Proklamation des un-
bedingten Willens: »Allein ich will!« Und abermals aufge-
reizt durch Mephistos Einwürfe, fügt er hinzu: »Was bin ich
denn, wenn es nicht möglich ist/Der Menschheit Krone zu
erringen,/Nach der sich alle Sinne dringen?« (V. 1803 ff.).

Die kategorische Prätention provoziert stets die fru-
strierende Erkenntnis, trotz aller wissenschaftlichen, magi-
schen und voluntaristischen Anstrengungen »dem Un-
endlichen nicht näher« zu sein (V. 1815), und treibt solcher-
maßen den zunehmend verzweifelter werdenden Faust seinem Versucher in die Arme, ehe er in den später die italienische Faustidee radikalisierenden »Studierzimmer«-Versen
sein »Streben« gleich ganz in den Dienst Mephistos stellen
wird: »Das Streben meiner ganzen Kraft/Ist g'rade das was
ich verspreche./Ich habe mich zu hoch gebläht,/In deinen
Rang gehör' ich nur./Der große Geist hat mich ver-
schmäht,/Vor mir verschließt sich die Natur./Des Denkens
Faden ist zerrissen,/Mir ekelt lange vor allem Wissen./Laß
in den Tiefen der Sinnlichkeit/Uns glühende Leidenschaften stillen!/In undurchdrungnen Zauberhüllen/Sei jedes
Wunder gleich bereit!/Stürzen wir uns in das Rauschen der
Zeit/Ins Rollen der Begebenheit!« (V. 1742 ff.).

42

Abermals das Steigerungspotential von Fausts Verzweiflung berechnend, unterbricht Mephisto das phantasti-
sche Ablenkungsprogramm und erinnert an die handfesten
Genußfreuden eines realen Weltverzehrs: »Euch ist kein
Maß und Ziel gesetzt./Beliebt's euch überall zu naschen,/Im
Fliehen etwas zu erhaschen,/Bekomm Euch wohl was
euch ergetzt./Nur greift mir zu und seid nicht blöde!«
(V. 1760 ff.). Solche Aussichten aufs Wohlsein und dann
sogar auf Lebensfreude beflügeln naturgemäß erst recht
Fausts Willen zum ununterbrochenen, vor allem aber
nie ans Ziel – zur Freude – gelangenden Divertissement.
Empört entgegnet er daher: »Du hörest ja, von Freud' ist
nicht die Rede./Dem Taumel weih' ich mich, dem schmerz-
lichsten Genuß,/Verliebtem Haß, erquickendem Verdruß«
(V. 1765 ff.).

Angeregt wird der grimmige Zerstreuungsplan durch
die »Disproportion des Talents mit dem Leben«, die in
jenen Verwünschungen, die im »Fluch vor allen der
Geduld« gipfeln, eine gleichsam erkenntniskritisch ver-
allgemeinerte Gestalt gewinnt und bereits die Möglichkeit
eines authentischen und wahrhaftigen Weltverhältnisses
ruiniert. Unter der Bedingung der totalen »Disproportion«
des erkennenden Subjekts mit der Lebenswelt heißt es
daher in Fausts Verdammungsmonolog: »Verflucht das
Blenden der Erscheinung,/Die sich an unsre Sinne drängt!«
(V. 1593 f.). Solche von Goethe erst später in die Disputatio-
nen des »Studierzimmers« zwischen Faust und Mephisto
eingetragenen Verse wird man als radikalisierende Aus-
führung der römischen Faustkonzeption verstehen dürfen.
Denn in den italienischen Textbruchstücken konnte
Mephisto ja bereits feststellen, daß Fausts »übereiltes Stre-
ben/Der Erde Freuden überspringt« und weiterhin aus

dieser verhängnisvollen Neigung zur daseinsverfehlenden Übereilung eine tantalushafte Existenznot ableiten, eine Bewußtseinshölle auf Erden, die auch ohne Diabolos auskommt: »Er soll mir zappeln, starren, kleben,/Und seiner Unersättlichkeit/Soll Speis' und Trank vor gier'gen Lippen schweben;/Er wird Erquickung sich umsonst erflehn,/Und hätt' er sich auch nicht dem Teufel übergeben,/Er müßte doch zu Grunde gehn!« (V. 1862 ff.).

Südliche Gegenstände

Ausgerechnet in Rom, man kann es nicht nachdrücklich genug betonen, werden solch dramatische Gemütsqualen ersonnen und ins Faustmanuskript eingetragen von einem Autor, der seiner eigenen Disposition zum »Zappeln«, »Starren« und »Kleben« in einem halsbrecherischen Fluchtunternehmen soeben mit knapper Not entkommen war und der, begeistert vom befreienden Licht-, Farben- und Schönheitserlebnis in Venedig, unter dem Datum des 12. Oktober 1786 in seinen Reisebericht schrieb: »Hätte ich nicht den Entschluß gefaßt, den ich jetzt ausführe, so wär' ich rein zu Grunde gegangen: zu einer solchen Reife war die Begierde, diese Gegenstände mit Augen zu sehen, in meinem Gemüt gestiegen.«[42] Ohne die unter der Sonne des Südens leuchtenden »Gegenstände« – »Gegenstand« ist das wieder und wieder, nachgerade hymnisch ausgesprochene Schlüsselwort der *Italienischen Reise* –, ohne die südlichen Gegenstände also, die das verängstigte Bewußtsein aus den

---

42 MA 15, S. 113.

düsteren Verließen der Depression auf die Lichtseite des mediterranen Lebens zu ziehen vermögen, wäre der »nordische Flüchtling« verloren gewesen.

Beinahe in jedem Tageseintrag berichtet der Italienwanderer von den Kontemplationsexerzitien, die in der Anschauung der sinnlich-gegenständlichen Welt die wirklichkeitsfremden Prätentionen der leidvoll übersteigerten Einbildungskraft zum Verstummen bringen. Um nur einige Beispiele aus der gewaltigen Summe der therapeutischen Sehübungen anzuführen: Bereits auf dem Weg vom Brenner nach Verona teilt uns Goethe mit: »Die Sache ist, daß ich wieder Interesse an der Welt nehme, meinen Beobachtungsgeist versuche und prüfe, wie weit es mit meinen Wissenschaften und Kenntnissen geht, ob mein Auge licht, rein und hell ist, wie viel ich in der Geschwindigkeit fassen kann, und ob die Falten, die sich in mein Gemüt geschlagen und gedrückt haben, wieder auszutilgen sind?«[43]

In der Folge beantwortet Goethe diese Frage in einem bis in den äußersten Süden andauernden Euphoriecrescendo und schildert die stetig anhaltende erlösende Aufheiterung des im Norden schmerzvoll eingefalteten Gemüts. Die Wahrnehmungsgegenstände jeglicher Art – seien es Natur- oder Kunstobjekte oder sei es die Gegenwart anderer Menschen – und die von ihnen vermittelten Erfahrungen dienen alle dem gleichen therapeutischen Zweck, bauen als Antidepressiva ihre segensreiche Wirkung auf und eröffnen aus der Selbstentfremdung den Weg zum authentischen Identitätserlebnis: »Es liegt in meiner Natur das Große und Schöne willig und mit Freuden zu verehren, und diese

---

43 Ebd., S. 25.

Anlage an so herrlichen Gegenständen Tag für Tag, Stunde für Stunde auszubilden, ist das seligste aller Gefühle.«[44] In Verona freut sich der Wanderer bereits am »Übergefühl des Daseins«[45], inspiriert sogar von den alltäglichsten und schlichtesten Dingen, die im Süden aber eben auch groß, schön und herrlich sein können. So gewinnt er unter den Weinbauern in den Gärten vor Vicenza den enthusiastischen Eindruck, an einem »bacchischen Triumphzug«[46] teilzunehmen, ehe er kurz darauf mit den Augen eines zweiten Tizian oder Veronese die heilsamen Kontemplationsübungen an den herrlichsten Gegenständen Venedigs fortsetzt: »Es ist offenbar, daß sich das Auge nach den Gegenständen bildet, die es von Jugend auf erblickt, und so muß der venetianische Maler alles klärer und heiterer sehn als andere Menschen. Wir, die wir auf einem bald schmutzkotigen, bald staubigen, farblosen, die Wiederscheine verdüsterndem Boden und vielleicht gar in engern Gemächern leben, können einen solchen Frohblick aus uns selbst nicht entwickeln.«[47]

Im »verdüsternden« nordischen Hintergrund der heiteren Szenerie scheint schon hier Faust sichtbar zu werden im »hochgewölbten, engen gotischen Zimmer«, dem »Kerker« und »Mauerloch«, darin eingesperrt der Ruhelose beim besten Willen keinen »solchen Frohblick« entwickeln konnte, sondern »alles trüber und trister sehn« muß. Aber erst in Rom, nach der rettenden Wiedergeburt, sieht sich Goethe in der Lage, in Kontrast zum südlichen Lichterleb-

44 Ebd., S. 51.
45 Ebd., S. 57.
46 Ebd., S. 59.
47 Ebd., S. 101.

nis die Ausarbeitung der nordischen Düsternis in Angriff zu nehmen. Zunächst konzentriert er sich während der Reise ausschließlich auf die Ausbildung seines ureigenen Seh- und Anschauungstalents, um gewappnet zu sein gegen die auch auf der Alpensüdseite jederzeit noch drohenden melancholischen Heimsuchungen. In den Originalbriefen an Charlotte von Stein, die nach den Umschreibungen der Reisedokumente zur *Italienischen Reise* erhalten blieben, haben sie eine deutliche Spur hinterlassen.

Kontemplationstherapie in den italienischen Sehschulen

Gegen solche Rückfälle soll nun gerade die venezianische Therapie – sie wirkt aufgrund der helligkeitssteigernden Spiegeleffekte der Lagune als eine Art Licht- und Farbendusche – das gefährdete Bewußtsein feien: »Als ich, bei hohem Sonnenschein, durch die Lagunen fuhr, und auf den Gondelrändern die Gondoliere leicht schwebend, buntbekleidet, rudernd betrachtete, wie sie auf der hellgrünen Fläche sich in der blauen Luft zeichneten; so sah ich das beste, frischeste Bild der venetianischen Schule. Der Sonnenschein hob die Lokalfarben blendend hervor, und die Schattenseiten waren so licht, daß sie verhältnismäßig wieder zu Lichtern hätten dienen können. Ein gleiches galt von den Wiederscheinen des meergrünen Wassers. Alles war hell in Hell gemalt, so daß die schäumende Welle und die Blitzlichter darauf nötig waren, um die Tüpfchen aufs i zu setzen.«[48]

48 Ebd., S. 102.

In Rom, am Ziel seiner »unterirdischen Reise«, gelangt der Italienwanderer dann vollends in die »Nähe der Gegenstände« und kann seine in Weimar zurückgelassenen Freunde »mit Frohsinn begrüßen«.[49] Das therapeutische Exerzitium, das in der »venetianischen Schule« zunächst den »Frohblick« einübte, erfährt nämlich in der »großen Schule«,[50] die Goethe in Rom betritt, eine erkenntniskritische Systematisierung. Sie soll alle auf der Subjektseite verursachten lebens- und weltverdüsternden Wahrnehmungseintrübungen aufheben. Das geschieht auf dem Wege einer Kontemplationspraxis, die das Bewußtsein nach dem Vorbild der religiösen Conversio zunächst vollkommen entleert – in der Sprache der Goethe wohlvertrauten orthodoxen Konvertiten ist es die Kenosis –, um es anschließend, in der säkularisierten Variante des Bekehrungserlebnisses, für die neuen, von den »Gegenständen« vermittelten alleinseligmachenden Sinneseindrücke wieder ganz öffnen und mit denselben auffüllen zu können. Die Bild- und Wahrnehmungsprotokolle, die Goethe nach der Auskunft in Rom im November 1786 verfaßt, illustrieren diese der »Wiedergeburt« vorausgehenden, in solcher Heilkraft offenbar nur in Rom möglichen Sehübungen: »Und dieses Ungeheuere wirkt ganz ruhig auf uns ein, wenn wir in Rom hin und her eilen, um zu den höchsten Gegenständen zu gelangen. Anderer Orten muß man das Bedeutende aufsuchen, hier werden wir davon überdrängt und überfüllt. (…) Man müßte mit tausend Griffeln schreiben, was soll hier eine Feder, und dann ist man Abends müde und erschöpft vom Schauen und Staunen.«[51]

49 Ebd., S. 146.
50 Ebd., S. 152.

Konsequenterweise geht das Kontemplationsprogramm über ins meditative Schweigen, womit sich das Aufnahmevermögen des anschauenden Bewußtseins abermals steigern läßt. Man möge es ihm also verzeihen, so Goethes Meldung nach Weimar, wenn er über der in Rom einzuübenden höchsten philosophischen Tugend des Staunens »wortkarg« werde, um sich dann gleich einzureihen in die große Schweige-Tradition Europas: »Hier aber kömmt man in eine gar große Schule, wo ein Tag so viel sagt, daß man von dem Tage nichts zu sagen wagen darf. Ja man täte wohl, wenn man, jahrelang hier verweilend, ein pythagoräisches Stillschweigen beobachtete.«[52]

In dem noch intensiveren sinnlichen Milieu Neapels – wo alles noch heller, farbiger, heiterer, freier und noch schöner ist – heißt es über die gleiche Augen- und Sehübung des Wanderers, die spätestens hier die einer Bekehrung anhängenden asketischen Züge verloren hat: »(…) heute ward geschwelgt und die Zeit mit Anschauung der herrlichsten Gegenstände verbracht. Man sage, erzähle, male, was man

---

51 Ebd. – Goethes Protokolle der italienischen Sehübungen ließen sich als eindrucksvolle Illustration und Bestätigung der Goethestudien Pierre Hadots zitieren. Darin ist der französische Gelehrte dem Phänomen der »geistigen Übung« in Goethes Texten auf der Spur, die er aus der Überlieferung des Exercitium spiruale ableitet und zurückverfolgt bis zu den antiken, insbesondere hellenistischen Schulen der praktisch-eudämonistischen Philosophie (*N'oublie pas de vivre. Goethe et la tradition des exercices spirituels.* Paris 2008). – Höchst anschauliche Textbelege aus dem Gesamtwerk Goethes für das therapeutische Prinzip seiner Aufmerksamkeitsübungen bietet die neue Goethestudie Manfred Ostens. Die eudämonistischen Exerzitien Goethes sind freilich angemessen nur, so die Pointe von Ostens Argumentation, vor dem Hintergrund der Krisenerfahrung Goethes im Zeitalter der Revolutionen zu verstehen (»*Gedenke zu leben! Wage es, glücklich zu sein!*« oder: *Goethe und das Glück.* Göttingen 2017).

52 MA 15, S. 152. – Das Schweigen Goethes, sein Schweigeregiment und seine Schweigekunst sind höchst frappierende, in der Goetheforschung indessen kaum je wahrgenommene Phänomene. Einzig Josef Pieper hat ihnen einen geistvollen Essay gewidmet (*Über das Schweigen Goethes* [urspr. 1951]. 2. Aufl. München 1962).

Goethe: Velletri an der Via Apia (1787). Bleistift und Feder. Aus: Petra Maisak: *Johann Wolfgang Goethe. Zeichnungen.* Stuttgart 1996, S. 136. Corpus II, 61.

Goethe: Italienische Küstenlandschaft im Mondlicht (1787). Bleistift und Pinsel. Aus: Petra Maisak: *Johann Wolfgang Goethe. Zeichnungen.* Stuttgart 1996, S. 148. Corpus II, 282.

will, hier ist mehr als alles. Die Ufer, Buchten und Busen des Meeres, der Vesuv, die Stadt, die Vorstädte, die Castelle, die Lusträume –! (…) Ich bin nun nach meiner Art ganz stille und mache nur, wenn's gar zu toll wird, große, große Augen.«[53]

Fausts Pakt mit Mephisto gegen den schönen Augenblick

Parallel also und zeitgleich zu den Konfessionsbruchstücken, die in die *Italienische Reise* eingehen, entstehen die Dramenfragmente, in denen Goethe das römische Wahrnehmungsexerzitium in sein genaues Gegenteil verkehrt, zunächst in jenen Versen, die erstmals 1790 in *Faust. Ein Fragment* publiziert werden und die hier bereits das Tantalusprogramm des übereilten, »der Erde Freuden« überspringenden Strebens skizzieren, das dann in *Faust I* die Studierzimmer-Szenen, insbesondere in dem zwischen Faust und Mephisto geschlossenen Pakt, zu einer prinzipiellen Negation der italienischen Heilungserfahrung des Wanderers – seiner schönen Augenblicke – radikalisieren werden. Denn schon der in der römischen »Operation« angelegte »immer vorwärts« drängende Bewegungszwang Fausts bereitet das kategorische Verbot des Verweilens als zentrale Bedingung des Paktes vor, das Goethe in der seit 1797 folgenden Arbeit am Fausttext ins dramatische Geschehen einfügen wird. Faust selbst legt dann sein Ver-

---

53 MA 15, S. 224 f. – Den Hauptreiseetappen – Venedig, Rom, Neapel, Palermo – folgend, hat Malte Osterloh in einer faszinierenden Studie zu Goethes Italienreise und zu dessen Italiendichtungen den spezifisch urbanen, großstädtischen Hintergrund der Euphorie des Wanderers sichtbar gemacht (*Versammelte Menschenkraft. Die Großstadterfahrung in Goethes Italiendichtung.* Würzburg 2016).

hältnis zu Mephisto im Sinne einer – eingedenk von Goethes Italienerlebnis eigentlich unfaßbaren – Glücks- und Schönheitsverweigerung fest:

»Werd' ich zum Augenblicke sagen:/Verweile doch! du bist so schön!/Dann magst du mich in Fesseln schlagen,/ Dann will ich gern zu Grunde gehn!/Dann mag die Totenglocke schallen,/Dann bist du deines Dienstes frei,/Die Uhr mag stehn, der Zeiger fallen,/Es sei die Zeit für mich vorbei!« (V. 1699 ff.). Halten wir uns jedoch an die Bekenntnisse des Italienwanderers, so hören wir ihn beinahe Tag für Tag die unglaublich und unaussprechlich schönen Augenblicke preisen. So schön fand er das Dasein im Süden, daß er dort beinahe zwei Jahre lang verweilte und wieder und wieder um eine Reiseverlängerung bat. Faust hingegen schließt den schönen Augenblick – im doppelten Wortsinn des schönen Anblicks wie des schönen Daseinsmoments – prinzipiell aus seinem Leben aus. Er kann die Wette mit Mephisto gleichsam desperadohaft eingehen, weil er immer schon weiß, daß es den schönen Augenblick nie geben wird, per definitionem nicht, weil Innen und Außen, Selbst und Welt nie zusammenkommen können.[54]

Wäre der Wanderer »rein zu Grunde gegangen«, wenn es ihm versagt geblieben wäre, die »Begierde« zu befriedigen, »diese Gegenstände« auf der Alpensüdseite »mit Augen zu sehen«, so »will« Faust, in voluntaristischer Umkehrung der Italienerfahrung, »gern zu Grunde gehn«, falls er nur für einen einzigen Moment ins »Schauen und Staunen« geraten und sich angesichts des schönen Seins einen Augenblick lang der versöhnenden Daseinserfahrung überlassen würde, »in der Welt zu Hause« zu sein. Diese extreme Disparatheit der Widersprüche zwischen den Konfessionsbruchstücken hat Goethe exakt und in zahlreichen

Variationen ausgearbeitet: Die gleiche Natur, die sich in allen Facetten und in leuchtenden Farben vor den Augen des Wanderers darbietet, »verschließt sich« vor dem Blick Fausts, bleibt für ihn stets verborgen hinter ihrem notorischen »Schleier« (V. 673) oder geriert sich als leeres »Schauspiel« (V. 454). »Des Denkens Faden«, der sich in den italienischen Kontemplationsübungen zwischen dem anschauenden Bewußtsein und den »Gegenständen« spannt, ist im »Studierzimmer« Fausts definitiv »zerrissen«, weshalb er sich mit der fatalen Feststellung, »mir ekelt lange vor allem Wissen«, von der gegenständlichen Welt abwendet und solchen Ersatzbefriedigungen hingibt, die aus dem Ungenügen der Welt hervorgehen und dieses zugleich perpetuieren: Es sind die »glühenden Leidenschaften« in den »Tiefen der Sinnlichkeit« und in den »undurchdrung-

54 Neben den Erfahrungen des Italienwanderers sind es in einer ideengeschichtlichen Perspektive womöglich jene Gedanken über das Glück des erfüllten Augenblicks, die Rousseau, desgleichen als Wanderer, in seinen »Träumereien« auf der Petersinsel im Bieler See festhält, auf die Fausts Pakt im polemischen Verhältnis bezogen ist (Jean-Jacques Rousseau: *Les rêveries du Promeneur Solitaire* V, in: *Œuvres complètes*. Ed. Bernard Gagnebin et Marcel Raymond. Paris 1959 ff., Bd. I, S. 1040–1049, insbes. S. 1046). – Zur glückstiftenden Aufhebung der »Entzweiung« von Selbst und Welt in Rousseaus Naturkontemplationen des »fünften Spaziergangs« und zum möglichen Rousseaubezug des Faustdramas vgl. Heinrich Meier: *Über das Glück des philosophischen Lebens. Reflexionen zu Rousseaus »Rêveries«.* München 2011, S. 137–181, hier S. 167: »Es gehört zur Weisheit Rousseaus, daß er das Glück an die Frage bindet, ob wir zum Augenblick wahrhaft zu sagen wissen: *Je voudrais que cet instant durât toujours.* Der Satz des Glücks antwortet auf den Gegen-Satz der Tragödie: *Ich wünschte, nie geboren zu sein.* Faust verneint den Satz Rousseaus, den einzigen, der in der *Cinquième* kursiv gesetzt ist, ausdrücklich und macht ihn zum Gegenstand seiner Wette mit Mephisto, um am Ende des Ersten Teils von Goethes Dichtung nicht weniger ausdrücklich beim Gegen-Satz der Tragödie anzugelangen.« – Bei Vers 4596 also, der freilich desgleichen zur Hiobkonstellation des Dramas zählt (Hi 3,1–26). – Die Möglichkeit des Rousseaubezugs in Fausts Wette und Pakt erörtert auch Hans-Jürgen Schings: *Der dritte Schöpfungstag. Plädoyer für Faust,* in: *Klassik in Zeiten der Revolution.* Würzburg 2017, S. 229–262, hier S. 257 f. – Zum Rousseaubezug, nun allerdings jenes euphorischen Gegen-Satzes des Paktes, den Faust und Helena im dritten Akt von *Faust II* aussprechen – »Die Gegenwart allein – ist unser Glück« (V. 9382) – und zu den antiken Quellen jener Kairosphilosophie, in deren Tradition dann Rousseau und Goethe gleichermaßen stehen, vgl. Hadot (wie Anm. 51), S. 59–85.

nen Zauberhüllen«, das »Rauschen der Zeit« und das »Rollen der Begebenheit«, der »Taumel« zwischen dem »schmerzlichsten Genuß,/verliebtem Haß« und »erquickendem Verdruß«, samt und sonders konsequent freudlose Betäubungsaktivitäten und als solche präzise Negationen der euphoriestiftenden italienischen Ponderation von Selbst und Welt.

Derselben hatte allerdings die gründliche Selbstkritik des pathetischen Subjekts vorauszugehen, ein Exerzitium, über das es in der *Italienischen Reise* heißt: »Meine Übung alle Dinge wie sie sind zu sehen und abzulesen, meine Treue das Auge Licht sein zu lassen, meine völlige Entäußerung von aller Prätention, kommen mir einmal wieder recht zu statten und machen mich im Stillen höchst glücklich. Alle Tage ein neuer merkwürdiger Gegenstand, täglich frische, große, seltsame Bilder und ein Ganzes, das man sich lange denkt und träumt, nie mit der Einbildungskraft erreicht.«[55] So kategorisch der Italienfahrer gegen die Ansprüche der pathetischen Einbildungskraft vorgeht, ebenso leidenschaftlich werden auf Fausts Seite die Prätentionen des heroischen Selbstbewußtseins auf die Spitze getrieben. Heißt es in Italien, »hier ist mehr als alles«, so verkehrt sich diese begeisterte Weltwahrnehmung in Fausts Fall in die deprimierende Erfahrung eines schrecklich defizitären Daseins, das weniger als nichts wert ist und in dem jede Weltbegegnung nur frustrierend oder gar täuschend verlaufen kann.

Hinter allen Gegenständen verbirgt sich im Horizont der Tragödie eine Beleidigung des »Gotts«, der Faust »im

---

55 MA 15, S. 157.

Goethe: Skizze zur Nachtszene im »hochgewölbten, engen gotischen Zimmer«, links ist ein Schreibtisch zu sehen und ein Regal »Mit Gläsern, Büchsen rings umstellt,/Mit Instrumenten vollgepfropft,/Urväter-Hausrat drein gestopft –« (V. 406 ff.) [um 1810/12]. Aus: Frankfurter Ausgabe 7/1 (Abbildungsteil). Corpus IV B, 225.

Goethe: Skizze zur Beschwörung des Pudels im Studierzimmer, V. 1303 ff. (um 1800). Feder mit Sepia und Tusche. Aus: Frankfurter Ausgabe 7/1 (Abbildungsteil). Corpus IV B, 223.

Busen wohnt«. »Dem Herrlichsten, was auch der Geist empfangen/Drängt immer fremd und fremder Stoff sich an« (V. 634 f.), so statuiert Faust das unaufhebbare, stets für peinigende Unruhe sorgende Mißverhältnis von Körper und Geist. Unter solchen zum Prinzip erhobenen Existenzbedingungen muß jede Beruhigung des Daseinsschmerzes als »Faulbett«, jede Zufriedenheit als Lüge und jeder Genuß als Betrug abqualifiziert werden. Die den Pakt und die Verneinung des schönen Augenblicks vorbereitende Wette zwischen Faust und Mephisto gibt diesem Protest Fausts gegen das in seinen Augen auf empörende Weise ungenügende Dasein eine lebensbedrohliche Form: »FAUST. Werd' ich beruhigt je mich auf ein Faulbett legen:/So sei es gleich um mich getan!/Kannst du mich schmeichelnd je belügen,/Daß ich mir selbst gefallen mag,/Kannst du mich mit Genuß betrügen:/Das sei für mich der letzte Tag!/Die Wette biet' ich!/MEPHISTOPHELES. Topp!/FAUST. Und Schlag auf Schlag!« (V. 1692 ff.).

1790 jedoch war sich der Mephisto des Faustfragments seiner Sache so sicher, daß er glaubte, auf einen förmlichen Pakt mit Faust verzichten zu können. Er »hat« Faust »schon unbedingt«, also auch ohne ausformulierte Vertragsbedingungen, und vermag bereits an dieser Stelle siegesgewiß vorherzusagen, daß Faust allein aufgrund seines »Geistes« zu Grunde gehen muß, selbst wenn »er sich auch nicht dem Teufel übergeben« hätte. Hinter diesem Befund höllischer Bewußtseinsverhältnisse dürfen wir mit einiger Sicherheit, wie sich gezeigt hat, Goethes leidvolle Erfahrung mit den »Prätentionen« seines eigenen »Geistes« vermuten, von denen ihn erst sein »zweiter Geburtstag« in Italien befreit hat.

Faust in der Hexenküche – Goethe im Park der Villa Borghese

Daß Goethe in den in Italien neu geschriebenen Szenen des Faustdramas die Karikatur oder gar die obszöne Parodie seiner eigenen römischen Wiedergeburt gestaltet, das sehen wir vor allem auch der Szene »Hexenküche« an. Um etwas von diesem antagonistischen Zusammenhang der »großen Konfession« erkennen zu können, folgen wir dem Faust-autor im Sommer 1787 in den Park der Villa Borghese und gehen Goethes kryptischen Hinweisen zu der ausgerechnet dort am alten Manuskript begonnenen »Operation Hexenküche« nach. Die Neukonzeption des Dramas, die an diesem klassischen Musterort entworfen wurde und, wie wir vernommen haben, in den nächsten Monaten als Räucherarbeit weiterging, wird man eingedenk von Goethes zur selben Zeit in der Gemeinschaft mit Faustina zum »äußersten Punkt« aufsteigendem italienischen Glück nur als dramatischen Gegenentwurf der euphorischen Gleichung von Roma und Amor lesen können.

In der »Hexenküche« schickt Goethe seinen Faust in eben jene allgewaltige Triebsphäre, aus der die von Goethe selbst in Rom erlebte und gefeierte Versöhnung von Eros und Sexus, persönlicher Liebe und körperlichem Verlangen, Realität und Phantasie nun gerade ausgeschlossen ist. Das einschwärzende »Räuchern« des alten Fausttextes, von dem Goethe aus Rom geheimnisvoll berichtet, ist natur-gemäß nicht nur auf das Papier des Tragödienmanuskripts, sondern vor allem auf dessen Inhalt zu beziehen. Werden doch durch die in Rom eingetragenen Verse auch die zuvor schon geschriebenen Szenen des sogenannten »Urfaust« verdüstert. Besonders betroffen von der nachträglichen

Goethe: Skizze zur »Hexenküche«, unter dem „seltsamsten Hexenhaus-
rat" auch der »Zauberspiegel« und darin »das schönste Bild von einem
Weibe!« zu erkennen, V. 2430 ff. (1810/12). Bleistift. Aus: Frankfurter
Ausgabe 7/1 (Abbildungsteil). Corpus IV B, 226.

Goethe: Aesculaptempel im Park der Villa Borghese im Mondlicht (1787).
Bleistift und Feder. Aus: Petra Maisak: *Johann Wolfgang Goethe. Zeichnungen.* Stuttgart 1996, S. 155. Corpus II, 285.

Einschwärzung des Textsinns ist mithin das Drama Margaretes. »Mit welcher Freude, welchem Nutzen,/Wirst du den Cursum durchschmarutzen!« (V. 2053 f.) – so hat es Mephisto Faust beim Verlassen des gotischen Zimmers angekündigt. Diese römische Texteinfügung macht die schon im alten Manuskript stehende Tragödie Margaretes zum ersten Kapitel von Fausts frivolem Cursus.

Im Wust also des gerade vom Italienfahrer verachteten nordisch-romantischen Hexen-, Zauber- und Nebelwesens läßt Goethe Fausts Wiedergeburt stattfinden. Noch paradoxere Bilder als den im Garten Borghese ausgerechnet an der »Hexenküche« schreibenden römischen Faustautor wird der Betrachter von Goethes Leben und Werk kaum finden können. Inmitten des arkadischen Ambientes, umgeben von antiken Tempelruinen und mediterranen Landschaftspartien, entwirft Goethe für die nordische Tragödie den »seltsamsten Hexenhausrat«, schickt Faust ins »tolle Zauberwesen« (V. 2337), auf daß die »Sudelköcherei« – »ein gutes Glas von dem bekannten Saft« (V. 2519) – Faust »wohl dreißig Jahre« vom Leibe schafft (V. 2341 f.).

»Du siehst, mit diesem Trank im Leibe«, so verspricht Mephisto, »bald Helenen in jedem Weibe« (V. 2604 f.). Nach der Initiation in der Hexenküche wird Faust, so die mephistophelische Verheißung, in jeder Frau das sehen, was er in ihr sehen und an ihr leibhaftig haben will, mitnichten jedoch das, was diese selbst, an und für sich ist. Durch diese Konditionierung Fausts in der »Hexenküche« verbindet die römische Textoperation das im gotischen Zimmer anhebende Drama des frustrierten Gelehrten mit der Tragödie Margaretes.

Anmutige Gegend

In den italienischen Tragödienfragmenten ist es Mephisto, der Faust aus der Düsternis des gotischen Zimmers heraus-führt und die Tür zur Welt öffnet. Der Italienwanderer hatte zu diesem Zeitpunkt in eigener Verantwortung einen ganz anderen Weg ins Freie und ins Helle gefunden. Da er sich aber während der folgenden Jahrzehnte als Faustautor an den Arbeitsplan hält, die »Widersprüche disparater« zu gestalten, läßt er auch den Tragödienhelden partizipieren an der Eudämonie des Südens. Das geschieht in solchen Passa-gen des Dramas, in denen der den glücklichen Augenblick vereitelnde Pakt außer Kraft gesetzt ist und Mephisto kein Zugriffsrecht auf Faust besitzt oder erst gar nicht die Szene betreten darf. Die Rede ist von den dezidiert klassischen Partien der Tragödie, die Goethe erst Jahrzehnte später geschrieben hat, vom Helena-Akt also, und von der »Anmutigen Gegend«, die Goethe, etwa um 1830, *Faust II* gleichsam als Prolog voranstellt. Man wird dieses späte Faustbruchstück verstehen können als exemplarische Illu-stration des Exerzitiums des Italienwanderers, das Bewußt-sein auf die »Gegenstände« und auf die Gegenwart zu kon-zentrieren. Denn Goethe läßt Faust in der Ouvertüre zum zweiten Teil des Dramas einen veritablen Morgen- und Sonnengesang anstimmen und den sonst Ruhelosen, der die Geduld an und für sich verflucht hatte, teilhaben an der euphorischen Kontemplation einer arkadischen Natur.

Faust in Betrachtung der Morgendämmerung die Erde ansprechend: »Des Lebens Pulse schlagen frisch leben-dig,/Ätherische Dämmerung milde zu begrüßen;/Du Erde warst auch diese Nacht beständig/Und atmest neu erquickt zu meinen Füßen,/Beginnest schon mit Lust mich zu umgeben,/Du regst und rührst ein kräftiges Beschließen,/Zum höchsten Dasein immerfort zu streben –« (V. 4679 ff.). Das sagt derselbe Protagonist, der sich zuvor bitter beklagte über den erkenntniswidrigen, lebensvergällenden »Schleier« der Natur und der morgens »nur mit Entsetzen« jeden neuen »Tag zu sehn« vermochte, da doch die »Lebensfratzen« – die Gegenstände! – die »Schöpfung« seiner »regen Brust« zerstörten. Weshalb er dann auch das »Streben« seiner »ganzen Kraft« Mephisto vermachte. Für einmal darf in der »Anmutigen Gegend« jedoch auch Faust die Lektion des Wanderers begreifen und aus der gleichen Erfahrung Lebensfreude gewinnen, die ihn ursprünglich in den Lebenshaß trieb.

Am Anfang des zweiten Tragödienteils, beim »Herannahen der Sonne« und beim ersten »Glanze« der Morgendämmerung am Horizont erwacht Faust in einer ganz und gar depressionsfernen Gemütslage und beginnt mit der Betrachtung der ihn umgebenden und zugleich inspirierenden Naturphänomene, der Licht- und Farbenerscheinungen insbesondere: »In Dämmerschein liegt schon die Welt erschlossen,/Der Wald ertönt von tausendstimmigem Leben,/Tal aus, Tal ein ist Nebelstreif ergossen,/Doch senkt sich Himmelsklarheit in die Tiefen,/Und Zweig und Äste, frisch erquickt, entsprossen/Dem duft'gen Abgrund wo versenkt sie schliefen;/Auch Farb' an Farbe klärt sich los vom Grunde,/Wo Blum' und Blatt von Zitterperle triefen,/Ein Paradies wird um mich her die Runde« (V. 4686 ff.). Eingedenk der Verzweiflungsgesänge und Flucharien, die Faust im ersten Teil der Tragödie auf seine Existenz in der Welt angestimmt hatte, wird man bei dem vollkommen veränderten Daseinsgefühl, das sich ausspricht in dem Vers »Ein Paradies wird um mich her die Runde«, von einer

Wiedergeburt des Helden in der »Anmutigen Gegend« sprechen können, die in dieser Art kaum denkbar wäre ohne den »zweiten Geburtstag« des Italienwanderers, der in Rom ausrufen konnte, »vor meinem Fenster ist ein Paradies«. Nunmehr – im »Paradies« – scheinen auch in Fausts Fall alle Voraussetzungen für ein gelingendes und glückliches Leben erfüllt zu sein.

Regenbogen: Farbiger Abglanz

An dieser neuen Einschätzung der Existenzsituation ändert sich nichts, wenn Fausts Blick der zunehmenden Weltaufhellung nur bis zum ersten Sonnenstrahl zu folgen vermag und dessen grellem Licht im nächsten Moment sogleich ausweichen muß. Im Unterschied zu den Verzweiflungsattacken im »gotischen Zimmer«, fühlt sich der geblendete und vom Sonnenlicht sogleich zur Abwendung gezwungene Faust der »Anmutigen Gegend« mitnichten vertrieben aus dem Paradies der euphorischen Existenzerfahrung. Weshalb er denn auch die in der Morgendämmerung begonnene Kontemplation der Natur mit dem gleichen Lustgewinn in der neuen, vom Sonnenaufgang abgewandten Blickrichtung fortsetzt. Hier beflügelt die Betrachtung eines Wasserfalls und des sich im Sonnenlicht bildenden Regenbogens sein enthusiastisches Daseinsgefühl, so daß Faust den Kontemplationsfaden in seiner dankbaren Rede an die Erde nach nur kurzer Unterbrechung wieder aufnehmen kann: »So bleibe denn die Sonne mir im Rücken!/Der Wassersturz, das Felsenriff durchbrausend,/Ihn schau' ich an mit wachsendem Entzücken./Von Sturz zu Sturzen wälzt er jetzt in tausend,/Dann abertausend Strömen sich ergießend,/Hoch in die Lüfte Schaum an Schäume sausend./ Allein wie herrlich diesem Sturm entsprießend/Wölbt sich des bunten Bogens Wechsel-Dauer/Bald rein gezeichnet, bald in Luft zerfließend,/Umher verbreitend duftig kühle Schauer./Der (der Regenbogen, Vf.) spiegelt ab das menschliche Bestreben./Ihm sinne nach und du begreifst genauer:/Am farbigen Abglanz haben wir das Leben« (V. 4715 ff.).

Wie wir es kaum überhören können, spricht Fausts Regenbogenmeditation eben jene Lebens- und Kontemplationsregel aus, die auch im Chorus Mysticus am Ende des Gesamtdramas erklingt: Das Lebensganze, nicht bloß dessen defizitäre Schwundstufen, haben wir »am farbigen Abglanz«. Der stets wechselnde Farbenbogen ist das vergängliche Gleichnis für den Kosmos und für die Beständigkeit seiner Gesetze. In jedem Einzelphänomen und in jedem Augenblick der bewußt erlebten Gegenwart wird das unzulängliche, unbeschreibliche, ewige Sein der Natur und der Schöpfung Ereignis. Diese befreiende Erkenntnis bleibt Faust allerdings vollkommen unzugänglich, sofern seine »Erdetage« unter dem Gesetz der im gotischen Zimmer herrschenden Verzweiflung und dem aus dieser Depression hervorgehenden Pakt mit Mephisto stehen.

Vollendung der Faustoperation 1831: Fausts Plan

Auf das vom Pakt gegen den schönen Augenblick beherrschte Unglücksterrain der Tragödie begibt sich Goethe wieder gegen Ende seines Lebens während der finalen Phase der Arbeit am Faustmanuskript. Nun schließt er im Frühjahr und im Sommer 1831 die über vierzig Jahre zuvor in Italien begonnene Operation ab, Faust die Rolle eines Widersachers seines italienischen Glücks zuzuweisen. Unterdessen hat der einstige Bewohner des altertümlichen gotischen Zimmers längst die moderne Statur eines Protagonisten des revolutionären Weltprozesses gewonnen, der jene Zeitspanne zwischen dem Faustfragment von 1790 und der Tragödienvollendung 1831 dominiert.

An der epochentypischen Umkehrung der Natur- in Produktionsverhältnisse beteiligt sich Faust in den zuletzt geschriebenen Szenen des Dramas auf atemberaubende Weise. In seinem Fall nimmt das große Prometheusprojekt der zweiten Schöpfung – nun drängender denn je auf Fausts Agenda und zugleich auf dem seinerzeit aktuellen Arbeits- und Modernisierungsplan des neunzehnten Jahrhunderts stehend – die Gestalt eines alle Lebensverhältnisse erfassenden Kolonisationsprozesses an. Wir sehen ihn im vierten Akt zunächst am Meeresstrand, wo er ergriffen wird von der Idee, gegen die Meereswellen zu kämpfen.

Faust bei Betrachtung der Wellenbewegung und der Gezeiten: »Ich hielt's für Zufall, schärfte meinen Blick,/Die Woge stand und rollte dann zurück,/Entfernte sich vom stolz erreichten Ziel;/Die Stunde kommt, sie wiederholt das Spiel./MEPHISTOPHELES ad spectatores. Da ist für mich nichts Neues zu erfahren,/Das kenn ich schon seit hunderttausend Jahren./FAUST *leidenschaftlich fortfahrend*. Sie (die Welle, Vf.) schleicht heran, an abertausend Enden/Unfruchtbar selbst Unfruchtbarkeit zu spenden,/Nun schwillt's und wächst und rollt und überzieht/Der wüsten Strecke widerlich Gebiet./Da herrschet Well' auf Welle kraftbegeistet,/Zieht sich zurück und es ist nichts geleistet./Was zur Verzweiflung mich beängstigen könnte,/Zwecklose Kraft, unbändiger Elemente!/Da wagt mein Geist sich selbst zu überfliegen,/Hier möcht' ich kämpfen, dies (die Wellenbewegung, Vf.) möcht ich besiegen« (V. 10206 ff.).

Im nächsten Augenblick beschließt Faust seinen großen Plan zur Meereseindeichung, der ausgerechnet durch Mephisto befördert werden soll. Faust zu Mephisto: »Da faßt ich schnell im Geiste Plan auf Plan:/Erlange dir das köstliche Genießen/Das herrische Meer vom Ufer auszu-schließen,/Der feuchten Breite Grenzen zu verengen/Und, weit hinein, sie in sich selbst zu drängen./Schon Schritt für Schritt wußt ich mirs zu erörtern;/Das ist mein Wunsch, (und zu Mephisto gewandt, Vf.) den wage zu befördern!« (V. 10227 ff.)[56]

---

56 Hans-Jürgen Schings sieht gerade den gegen das Meer kämpfenden Faust des vier-ten Akts, gleichsam als Mitarbeiter der Genesis, zurückkehren auf jenen »rechten Wege« zur Ordnung des Herrn des Prologs, von dem der Ungeduldige zunächst auf-grund seiner Verzweiflung und unter Mephistos Mitwirkung abgekommen war (*Der dritte Schöpfungstag. Plädoyer für Faust* [wie Anm. 54], S. 244 f.). Es sei, so Schings, in Fausts Meeresunternehmen der »Schöpfungs Genuß von innen« wirksam, der erwähnt wird in jenem Faustparalipomenon H P1, das man sicherlich als Entwurf eines »Gesamtplan(s) des Dramas« ansehen kann (S. 240 f.). Dasselbe Paralipomenon enthält allerdings auch die Selbstaufforderung des Faustautors »diese Widersprüche statt sie zu vereinigen disparater zu machen« und es läßt, seinerseits schon denkbar konträr, auf den »Schöpfungs Genuß« einen »Epilog im Chaos auf dem Weg zur Hölle« folgen. Schings' heftiger Kritik an meiner Faustdeutung (S. 248–251) ließe sich daher entgegnen, daß alle die frühen Schemata und Gesamtpläne des Faustautors seinem Arbeitsprinzip, die Widersprüche disparater zu machen, unterliegen, weshalb die im Verlauf von sechzig Jahren aus höchst heterogenen Textteilen zusammen-gesetzte bruchstückhafte Faustkonfession eben auch durchaus widersprüchliche Deutungen zuläßt. Innerhalb des großen Bekenntnisses Goethes wird man vor allem nicht den polemischen Gegensatz übersehen, der besteht zwischen Fausts Plan, gegen das Meer sowie gegen die bis »zur Verzweiflung« beängstigende »zwecklose« Wellenbewegung zu kämpfen, und jenen euphorischen Meeresperspektiven, ja eigentlich Meeresfesten, die die »klassische Walpurgisnacht« (samt antiker maritimer Schöpfungsmythen) am Ende des zweiten Akts von *Faust II* beschließen und die augenscheinlich zurückgehen auf die begeisterten und zugleich sehnsuchtsvollen Wellen- und Meereskontemplationen des Italienwanderers. – Zum Widerspruch zwischen der Meeresfeier der »klassischen Walpurgisnacht« und Fausts Meerespro-jekt sowie zur möglichen »hamartia« seiner »Meeresverkennung« vgl. Wolfgang Riedel: *Monument der Sattelzeit. Goethes Faust und das moderne Wissen*, in: Jb. der Bayerischen Akademie der Wissenschaften 2014/2015 (2016), S. 78–87, hier S. 85.

Der Auftritt des Wanderers

Folgerichtig versetzt uns der fünfte Akt der Fausttragödie
auf eine für die jetzt anhebende Epoche der industriellen
Revolution charakteristische Großbaustelle, wo bereits die
Dampfmaschinen im Einsatz sind, gewaltige Kanäle aus-
heben und riesige Dämme aufschütten. Die Transformation
der Welt, die hier ins Werk gesetzt wird, steht freilich im
krassen Widerspruch zu jenem gleichfalls in den Blick kommenden Areal überlieferter Lebensverhältnisse, das in zahlreichen Motiven auf die Verwandlungssage von Philemon
und Baucis im achten Buch der Metamorphosen Ovids
anspielt. Eine neue, ungleich dramatischere Version der
alten Querelle des anciens et des modernes kündigt sich an.
Ein Wanderer betritt die Bühne, allenthalben unterwegs in
der »großen Konfession«, die Goethe in seinen Werken
ablegt, ausgewiesen insbesondere als Alter ego des Autors
der *Italienischen Reise*, wie wir bemerkt haben. Der Wanderer des fünften Tragödienaktes will offenbar eben jene
Kontemplation fortsetzen, die in den Sehschulen Venedigs,
Roms, Neapels und Siziliens eingeübt wurde und die zu
Beginn des zweiten Tragödienteils das exzeptionelle Regen-
bogenerlebnis Fausts inspiriert hatte.

Von einem Dünenhügel, scheinbar in der Nähe des
Meeresstrands, schaut der Wanderer auf einen Lindenhain.
Den folgenden Rückblick auf das entscheidende Glücks-
ereignis seines Lebens leitet er mit dem enthusiastischen Ausruf »Ja!« ein. Angesichts der alten Lindenbäume und einer
darunter gelegenen Hütte bemerkt er, daß er jenen Ort wie-
dergefunden hat, wo er einstmals von den beiden Bewoh-
nern der Hütte als Schiffbrüchiger gerettet wurde. Philemon und Baucis heißen seine Lebensretter, »hilfsbereit«,

»gastfreundlich« und »fromme Leute«, so erinnert sich der Wanderer, der mit ihren Namen den antiken Mythos von der klassischen Zivilisationstugend der Gastfreundschaft aufruft. Zugleich benennen seine Verse die Schlüsselerfahrung unter dem – in Italien erstmals sich öffnenden – klassischen Horizont Goethes: Neben der Rettung des Schiffbrüchigen zählen die Heilung und Emanzipation von der Lebens- und Todesangst dazu, der Kult der Humanität, schließlich das Wiederfinden und Wiedererkennen der anderen als unseresgleichen in einer Welt, der man nicht als Fremder ausgeliefert ist, sondern in der man zu Hause ist.

Ohne Übertreibung können wir feststellen, daß der Wanderer des fünften Faustaktes ein veritables Sanktuarium der Goetheschen Klassik und der ihr vorausgehenden italienischen »Wiedergeburt« betritt. Den abermals an Ovids Bilder erinnernden Tempelbereich haben wir uns indessen gar nicht marmorhaft statuarisch, sondern als ein lebensnahes, fragiles Refugium der stets gefährdeten menschlichen Existenz vorzustellen. Im Sinne einer solchen lebensweltlich konkreten Klassik spricht der Wanderer, den Lindenhain von Philemon und Baucis vor Augen, die Verse: »Ja! sie sinds die dunkeln Linden,/Dort, in ihres Alters Kraft./Und ich soll sie wieder finden,/Nach so langer Wanderschaft!/Ist es doch die alte Stelle,/Jene Hütte, die mich barg,/Als die sturmerregte Welle/Mich an jene Dünen warf!/Meine Wirte möcht' ich segnen,/Hülfsbereit, ein wackres Paar« (V. 11043 ff.).

»Wiederfinden« lautet das goethespezifische Glücks- und Signalwort der Wandererverse. Zurückgekehrt an die »alte Stelle«, blickt der Wanderer auf den identitätsstiftenden Wendepunkt seiner Biographie zurück. Hier haben ihn Philemon und Baucis versorgt, als er »halberstorben« an ihr

Ufer geworfen wurde. Dem hilfsbereiten Paar dankend, ruft er noch einmal die Szenen seines Schiffbruchs in Erinnerung. Zunächst Baucis zugewandt: »Sage Mutter bist Dus eben,/Meinen Dank noch zu empfahn,/Was Du für des Jünglings Leben/Mit dem Gatten einst getan?/Bist Du Baucis, die, geschäftig,/Halberstorbnen Mund erquickt?« – Und daraufhin Philemon ansprechend: »Du Philemon, der, so kräftig,/Meinen Schatz der Flut entrückt?/Eure Flammen raschen Feuers,/Eures Glöckchens Silberlaut,/ Jenes grausen Abenteuers/Lösung war euch anvertraut« (V. 11063 ff.).

Die Rettung aus dem Schiffbrucherlebnis gab dem Dasein des Wanderers eine Wendung zum Vertrauen in die eigene Existenz und zum Lebensglück, weil sie in der Begegnung mit den menschenfreundlichen Lebensrettern zur euphorischen Erfahrung der Humanität verhalf. Gerade aber die dieses Erlebnis ermöglichende philanthropische Zivilisation hat in dem legendären Glücksbild der Antike, das in den Namen von Philemon und Baucis anklingt, einen klassischen Ausdruck gefunden. Die Flammen des Herdfeuers von Philemon und Baucis und die Glocke ihrer Kapelle, des »Glöckchens Silberlaut«, gleichsam die Symbole der in dieser archetypischen Idylle waltenden Kultur, verbinden sich in der Perspektive des Wanderers im Motiv eines Leuchtturms, dessen Licht und dessen Klang Orientierung und Sinn ins Abenteuer seines gefährdeten Lebens gebracht haben. Anläßlich der Wiederbegegnung mit jenem Ort, an dem er aus seiner Existenzkrise gerettet wurde, will der Wanderer der dankbaren Erinnerung an dieses Ereignis eine gleichsam spirituelle Form geben: »Und nun laßt hervor mich treten,/Schaun das grenzenlose Meer;/Laßt mich knien, laßt mich beten,/Mich bedrängt die Brust so sehr« (V. 11075 ff.).

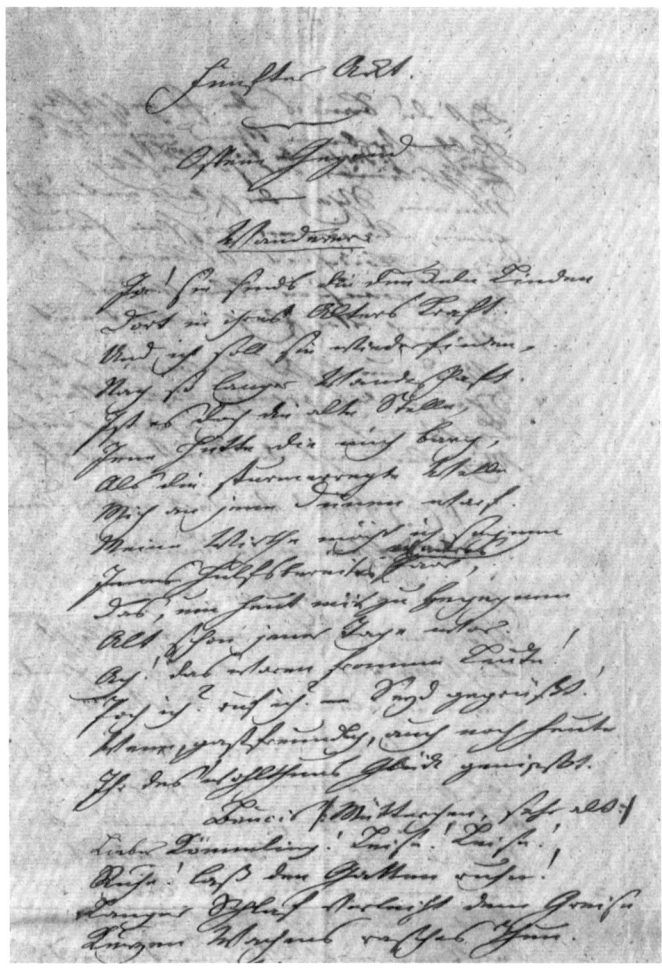

Faust II, 5. Akt, Auftritt des Wanderers (V. 11403 ff.: »Ja! sie sinds die dunkeln Linden…«) in Goethes Handschrift. Aus: *Goetheana. A Centenary Portfolio of Forty-three Facsimiles.* William A. Speck Collection, Yale University Library. New Haven 1932.

Wanderers Sehnsucht, Erschrecken und Verstummen

Das Bild des die Natur anschauenden Wanderers, dessen Naturkontemplation die Beruhigung der bedrängten Brust herbeiführen soll, wird man als ein Leitmotiv des Goetheschen Gesamtwerks ansehen können. Seine prominenteste lyrische Gestalt hat es in jenen beiden Gedichten angenommen, die »Wandrers Nachtlied« und »Ein Gleiches« überschrieben sind. »Süßer Friede!/Komm ach komm in meine Brust!«, so ruft ein ermüdeter Wanderer im ersten Nachtlied aus.[57] Und dessen zweites, »gleiches« Lied, wohl das berühmteste Gedicht Goethes, führt uns vor Augen, wie jene Bewußtseinsberuhigung in der Anschauung der Natur vonstatten geht. In der Betrachtung der während der Abenddämmerung still werdenden Natur, einer Anschauung, die von den Berggipfeln und Baumwipfeln, über Pflanzen und Tiere zu sich selbst kommt, gewinnt das betrachtende Bewußtsein die gleiche Stille. »Balde/Ruhest du auch« lauten daher die Schlußverse der lyrischen Meditation.[58]

Diese Schlüsselerfahrung der Goetheschen Naturkontemplation, die dem Nachtlied des Wanderers zugrunde liegt, war freilich nur das meditative Vorspiel jener existentiellen Bewußtseinsberuhigung, die dann der Italienwanderer im Süden gesucht und gefunden hat – wo er, wie es in der *Italienischen Reise* heißt, für sein »ganzes Leben beruhigt« und »im Stillen höchst glücklich« wurde.[59] Denken wir an die Briefzeugnisse, in denen der »nordische Flüchtling« eingestand, daß er »mit Tod und Leben« gekämpft habe und

57 MA 2.1, S. 13.

58 Ebd., S. 53.

59 MA 15, S. 147 und 157.

»keine Zunge« die Seelennot aussprechen könne, aus der ihn erst das Wiederfinden der eigenen Identität in Rom befreite, dann werden wir bemerken, daß die Wandererverse zu Beginn des fünften Faustaktes noch einmal in klassischen Bildern »jenes grausen Abenteuers/Lösung« reflektieren, die im Zentrum von Goethes eigenem Leben steht: die als »Wiedergeburt« erlebte römische Wendung zum Glück seiner zuvor »halberstorbnen« Existenz.

Im Faustdrama vernehmen wir 1831 allerdings Goethes resignative Einsicht, daß die Zeiten für solche Kontemplationsexerzitien offenbar vorbei sind. Philemon kündigt eine fundamentale Störung der Wanderermeditation, ja die Verkehrung der Bewußtseinsberuhigung ins Erschrecken an. Zu Baucis bemerkt er, da er den Wanderer über die Düne gehen sieht: »Laß ihn rennen, ihn erschrecken,/Denn er glaubt nicht was er sieht« (V. 11081 f.). Es gibt in Goethes Werk nur wenige Szenen, die ein ähnlich gewaltiges Irritationspotential enthalten wie der Auftritt des zunächst euphorischen, seine Lebensretter wiederfindenden Wanderers, der jedoch, als er das Meer anschauen will, von Entsetzen gepackt wird, dorthin rennt, wo einstmals der Strand war und daraufhin vor Schrecken verstummt. In seinen aufgerissenen Augen zeigen sich nämlich weder das Meer, noch der Strand, noch die Natur, noch irgendeine »alte Stelle«, schaut er doch auf Fausts modernes Projekt einer industriell hergestellten zweiten Schöpfung, wo unterdessen das Meer durch kolossale Naturumbauten in Land verwandelt wurde.

Im nächsten Moment, nach dem unglaublichen Blick von der Meeresdüne, sehen wir »am Tische zu drei, im Gärtchen«, Philemon, Baucis und den Wanderer. Baucis bemerkt, daß es dem Wanderer die Sprache verschlagen hat und fragt ihn: »Bleibst du stumm? und keinen Bissen/

Bringst du zum verlechzten Mund?« (V. 11107 f.). Bis zu jenem katastrophischen Augenblick, da sich seine Spur im Inferno des Bezirks von Philemon und Baucis verliert, wird der Wanderer fortan stumm bleiben. Zumal das, was Baucis jetzt noch über das Geschehen auf der großen Damm- und Kanalbaustelle mitteilt, Fausts Transformation der Welt vollends schrecklich erscheinen läßt: »Wo die Flämmchen nächtig schwärmten (das sind die Flammen der Dampfmaschinen, seinerzeit Feuermaschinen genannt, die ununterbrochen, auch nachts, arbeiten, Vf.)/Stand ein Damm den andern Tag./Menschenopfer mußten bluten,/Nachts erscholl des Jammers Qual;/Meerab flossen Feuergluten,/Morgens war es ein Kanal« (V. 11125 ff.).

Fausts Fluch

Will der Wanderer das »grenzenlose Meer« betrachten, um auf diese Weise zur Bewußtseinsruhe zu gelangen, begehrt Faust, wie wir gehört haben, »der feuchten Breite Grenzen« desselben Meeres »zu verengen/Und, weit hinein, sie (die ursprünglich grenzenlose Weite des Meeres, Vf.) in sich selbst zu drängen.« Damit nicht genug hat Goethe weiterhin im genauen Widerspruch zum Wanderer auch Fausts Blick auf die Gefilde von Philemon und Baucis konzipiert. Dort läutet eine Glocke. »FAUST *auffahrend*. Verdammtes Läuten! Allzuschändlich/Verwundet, wie ein tückischer Schuß,/Vor Augen ist mein Reich unendlich,/Im Rücken neckt mich der Verdruß,/Erinnert mich durch neidische Laute:/Mein Hochbesitz er ist nicht rein,/Der Lindenraum, die braune Baute (die Hütte von Philemon und Baucis,

Vf.)/Das morsche Kirchlein (ihre Kapelle, Vf.) ist nicht mein./Und wünscht' ich dort mich zu erholen,/Vor fremden Schatten schaudert mir,/Ist Dorn den Augen, Dorn den Sohlen,/O! wär ich weit hinweg von hier!« (V. 11151 ff.).

Wird der Wanderer durch den Glockenton im Bezirk von Philemon und Baucis an den Moment seiner Rettung erinnert, weshalb er die beiden Alten und ihre Welt »segnen« will, wird Faust von derselben Szenerie in Verzweiflung gesetzt, weshalb er sie verfluchen will. Auf den Segen des Wanderers antwortet Fausts Fluch. Die »Wiederfinden«, »Wiedersehen«, »Wiederhören« und zuletzt »Wiedergeburt« und mithin das Glück des Wanderers ermöglichende »alte Stelle« verwandelt sich unter Fausts Augen in einen Gespensterort, darin Glockenklang, Linden, Garten und Hütte zur lebensvergällenden Bedrohung seines »Hochbesitzes« verzerrt sind. Genau dort, wo die verletzte Seele des Wanderers geheilt wurde, fühlt sich Faust auf tückische Weise verwundet. Entsprechend hebt sein Fluch an: »Das verfluchte *hier*!/Das eben leidig lastets mir./Dir Vielgewandtem (d. i. Mephisto, Vf.) muß ichs sagen,/Mir gibts im Herzen Stich um Stich,/Mir ists unmöglich zu ertragen!/Und wie ichs sage schäm' ich mich./Die Alten droben (Philemon und Baucis auf ihrer Düne, Vf.) sollten weichen,/Die Linden wünscht ich mir zum Sitz,/Die wenig Bäume, nicht mein eigen,/Verderben mir den Welt-Besitz./Dort wollt ich, weit umher zu schauen,/Von Ast zu Ast Gerüste bauen,/Dem Blick eröffnen weite Bahn,/Zu sehn was alles ich getan« (V. 11233 ff.).[60]

---

60 In dem Widerspruch zwischen dem segnenden Wanderer und dem fluchenden Faust kehrt am irdischen Ende der Tragödie die Alternative des biblischen Hiobbuches zwischen Segnen und Fluchen wieder und mithin auch jene Hiobkonstellation, die der »Prolog im Himmel« angekündigt und die die Studierzimmerszenen in

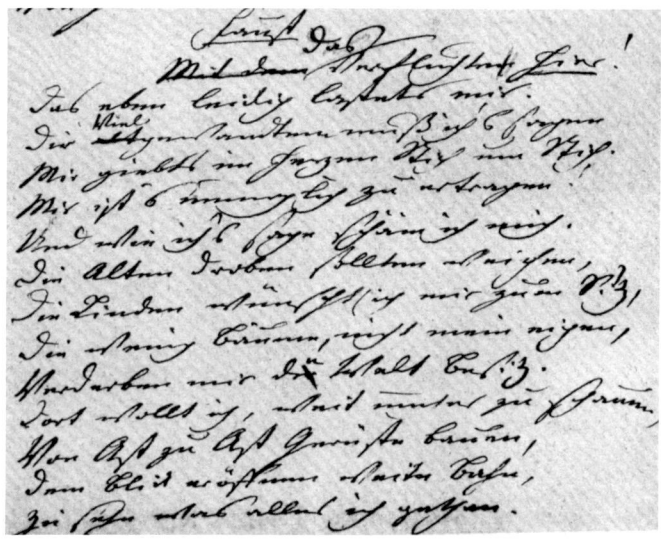

Faust II, 5. Akt, Palast (V. 11233 ff.: »*Faust*. Das verfluchte *hier*!«) in Goethes Handschrift. Aus: Hans Wahl (Hg.): *Faust. Der Tragödie letzter Akt. Fünfundzwanzig Blätter aus Goethes eigenhändigen Niederschriften.* Weimar 1929.

Die Betonung des abschließenden Verses liegt auf »ich«! Faust will sich selbst in den Produkten seiner Arbeit sehen und das gerade beim Blick in die unendliche Weite. Die ganze Welt soll »Ich« werden, so Fausts Eigentums- und Herrschaftsanspruch, der in voluntaristischer Manier den Anspruch des Prometheusprojekts in der modernen Variante der industriellen Revolution wiederholt. Die ganze Welt soll jetzt in ein Produkt, in etwas Gemachtes, Herge- stelltes verwandelt werden.

moderner Variation ausgeführt hatten. Im Unterschied jedoch zum Protagonisten des biblischen Buches, der am Ende den Weg zurück zur Geduld und zum Segnen findet, wiederholt Faust im letzten Akt der Tragödie seinen Fluch.

Kolonisation: Das Ende der Metamorphose und das Ende Alteuropas

Auf den Protest gegen die nicht von ihm selbst gemachte, skandalöserweise immer schon da-seiende Welt, antwortet Fausts Kolonisationsprojekt. Mephisto gibt das Stichwort: »Was willst Du Dich denn hier genieren,/Mußt Du nicht längst kolonisieren« (V. 11273 f.). Entsprechend ungeniert geht die Kolonisierung von Hütte, Kapelle und Baumhain von Philemon und Baucis vonstatten. Mephisto berichtet, und in seinen Worten treibt der Faustautor das Verfahren, die Philemon-und-Baucis-Legende der Ovidischen *Metamorphosen* bedeutungsumkehrend zu zitieren, auf die Spitze. Mephisto zu Faust: »Wir aber haben nicht gesäumt/ Behende Dir sie (Philemon und Baucis, Vf.) weggeräumt./ Das Paar hat sich nicht viel gequält/Vor Schrecken fielen sie entseelt./Ein Fremder (der Wanderer, Vf.), der sich dort versteckt,/Und fechten wollte, ward gestreckt./In wilden Kampfes kurzer Zeit,/Von Kohlen, ringsumher gestreut,/ Entflammte Stroh. Nun lodert's frei,/Als Scheiterhaufen dieser Drei« (V. 11360 ff.).

Der von Mephisto entzündete Scheiterhaufen ist das Ende der Metamorphose. In dieser Gluthölle verflüchtigt sich jenes Kunst und Wissenschaft, Selbst- und Weltbetrachtung und zuletzt Lebens- und Todesreflexion verbindende Leitprinzip Goethes, dessen Urbild Ovid gezeichnet hat. In den Worten des von Ovid zitierten Pythagoras lautet es: »Omnia mutantur, nihil interit/Alles wandelt sich, nichts geht unter.«[61] Die Verwandlungsphilosophie der

---

61 Ovid: *Metamorphosen*. Lateinisch/Deutsch. Übers. u. hrsg. v. Michael von Albrecht. Stuttgart 1994, S. 800/801.

Metamorphosen Ovids läßt nichts verschwinden, läßt nichts untergehen. Goethe übersetzt sie in seinem Vermächtnis-Gedicht in die Verse: »Kein Wesen kann zu nichts zerfallen,/Das Ew'ge regt sich fort in allen,/Am Sein erhalte dich beglückt!/Das Sein ist ewig, denn Gesetze/Bewahren die lebend'gen Schätze/Aus welchen sich das All geschmückt.«[62] Jetzt erschließt sich uns die zunächst paranoisch anmutende Baumphobie Fausts, seine Wut auf den »Lindenraum«, auf die »wenig Bäume«, die ihm den »Welt-Besitz« schändlich »verderben«, auf denen er »von Ast zu Ast Gerüste bauen« will. Goethe läßt Faust im Verein mit Mephisto gegen sein Vermächtnis wüten, gegen die angst-beruhigende Erkenntnis der Metamorphose, die in den Lindenbäumen, in die sich Philemon und Baucis bei Ovid verwandelt hatten, ihr poetisches Symbol fand.

Aus einer ganz anderen Perspektive wird uns das gleiche Inferno von Lynceus, dem Türmer, zur Kenntnis gebracht, abermals eine archetypisch antike Gestalt, die sich zunächst der klassischen Eudämonie erinnert: »Ihr glücklichen Augen,/Was je ihr gesehn,/Es sei wie es wolle,/Es war doch so schön!« (V. 11300 ff.) – und wir wissen unterdessen, was es mit dem Ausruf »so schön!« in der »großen Konfession« Goethes auf sich hat. Steht doch die Negation der in den Worten »Verweile doch! du bist so schön!« laut werdenden Empfindung im Zentrum des Paktes, den Faust mit Mephisto schließt. Und zugleich erklingt das euphorische Bekenntnis »so schön!« – und die Bitte in diesem Augen- und Anblick »verweilen« zu dürfen – im Cantus firmus der italienischen Erinnerungen des Wanderers. Die denkbar disparateste Gestalt gewinnt der Widerspruch zwischen der

62 MA 18.1, S. 35.

Faust- und der Wandererfigur, wenn wir mit Lynceus im nächsten Moment der »tiefen Nacht« des fünften Aktes in die »wildentbrannte Hölle« schauen, in der die schöne Welt von Philemon und Baucis – der Glücksort des Wanderers – auf Mephistos Scheiterhaufen verbrennt. Seine Katastrophenschilderung läßt Lynceus in den Versen ausklingen: »Bis zur Wurzel glühn die hohlen/Stämme (die Lindenstämme im Baumhain von Philemon und Baucis, Vf.), Purpurrot im Glühn. –/*Lange Pause, Gesang*/Was sich sonst dem Blick empfohlen,/Mit Jahrhunderten ist hin« (V. 11334 ff.).

Diese – im Wortsinne radikale, nämlich »bis zur Wurzel« reichende – Brandrodung hatte Mephisto zuvor in Anspielung auf das biblische erste Buch der Könige in den Worten »Auch hier geschieht was längst geschah,/Denn Naboths Weinberg war schon da (REGUM I. 21.)« (V. 11286 f.) angekündigt, ehe er zusammen mit den »Drei gewaltigen Gesellen« das Areal von Philemon und Baucis zerstörte. Deren Hütte wiederum bietet in Ovids lateinischer Legende Zeus-Jupiter und Hermes-Merkur Asyl, weshalb die dankbaren göttlichen Wanderer die Behausung der gastfreundlichen beiden Alten in einen griechisch-römischen Tempel verwandeln. Aus demselben läßt Goethes synkretistische Motivgestaltung zugleich eine christlich anmutende Kapelle werden, wo Philemon, Baucis und der Wanderer »läuten« – die Glocke, die Faust enerviert – »knien, beten!/Und dem alten Gott vertraun!« (V. 11141 f.). Es ist der alte Gott Europas, den sie ein letztes Mal anrufen und auf den sie vergeblich vertrauen, jene Jerusalem, Athen und Rom verbindende europäische Überlieferung, die Goethe in der *Italienischen Reise* besingt und die er dann im Kolonisationsunternehmen Fausts verschwinden läßt. Der die über-

kommene große Kultur- und Zivilisationssynthese reprä-
sentierende heilige Baumhain von Philemon und Baucis
verglüht in den Flammen des Faustdramas, und aus der
Asche dieser Jahrhunderte europäischer Überlieferung
wird sich kein Phönix mehr erheben können. Eine Aufhebung im doppelten Wortsinne des Hegelschen und, daran
anschließend, des modernen Geschichtsdenkens findet bei
Goethe nicht statt. Mephistos Negationsprozeß läßt nichts
übrig, was in den dialektischen Wendungen der Geschichts-
bewegung aufgehoben werden könnte für die Zukunft.

Die Operation des Einschwärzens von Fausts
Geschichte, mit der Goethe in Tischbeins Wohnung am
römischen Corso begonnen hatte, scheint also über vierzig
Jahre später ihren ungeheuer konsequenten Abschluß in
den letzten irdischen Szenen der Tragödie zu finden.
Zugleich gewinnt der seit Goethes Erlebnis des Südens die
»große Konfession« prägende Widerspruch zwischen Faust
und dem Wanderer seine definitive Gestalt. Sind doch
Fausts Flüche offenbar auf die »herrlichsten Gegenstände«
gerichtet, denen die lebensrettenden Exerzitien des Italienwanderers galten und die der Wanderer der Fausttragödie
im Bezirk von Philemon und Baucis wiederfindet. Der
wanderertypischen konvertitenhaften Rücknahme der
Subjektivität und ihrer Prätentionen im Angesicht der
schönen mediterranen Welt steht im Finale der Tragödie die
extreme Erweiterung des Selbstgefühls Fausts polemisch
gegenüber.

In äußerster Steigerung dieses Widerspruchs – und der
Operation der Einschwärzung – läßt Goethe die unbeding-
te Prätention Fausts zuletzt übergehen in Blindheit. Das
befreiende Erlebnis der Außenwelt, das der Italienwanderer
in der Übung, das »Auge Licht« sein zu lassen, gesucht und

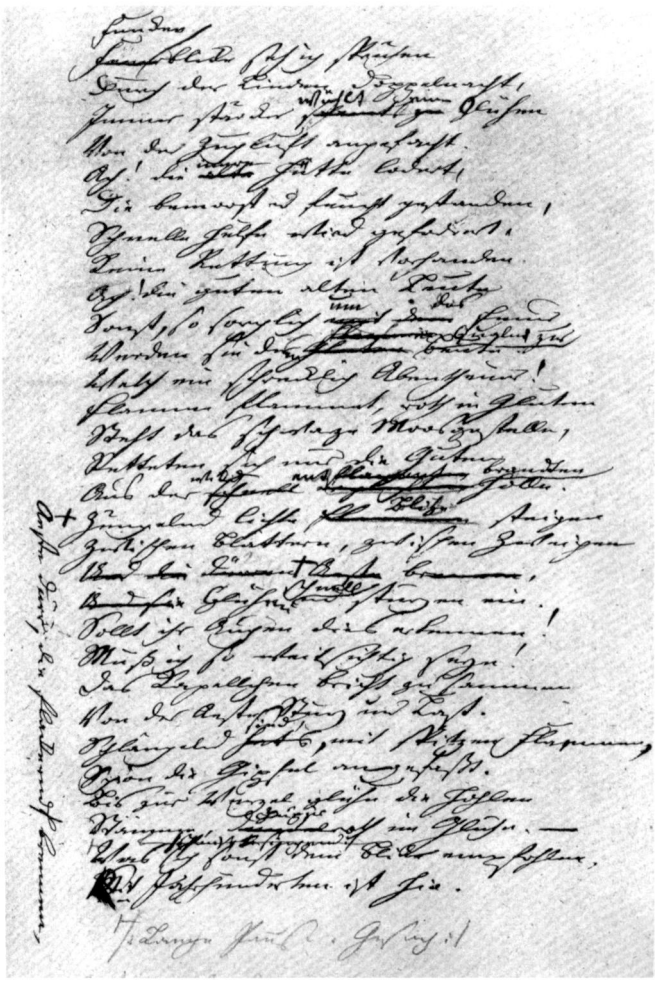

Faust II, 5. Akt, Tiefe Nacht (V. 11308 ff.: »Lynceus. Funkenblicke seh ich sprühen/Durch der Linden Doppelnacht...«, mit den Schlußversen »Was sich sonst dem Blick empfohlen,/Mit Jahrhunderten ist hin«) in Goethes Handschrift. Aus: Hans Wahl (Hg.): *Faust. Der Tragödie letzter Akt. Fünfundzwanzig Blätter aus Goethes eigenhändigen Niederschriften.* Weimar 1929.

gefunden hat, erhält in der »Mitternacht« des fünften Aktes sein genaues Gegenbild, wenn Faust unter dem Anhauch der Sorge das Sehvermögen einbüßt und fortan nur noch jenem realitätslosen »Licht« folgt, das »allein im Innern« leuchtet (V. 11500). Die Emanzipationsvision seines berühmten Schlußmonologs verdankt sich mithin einer subjektiven – »inneren« – Einbildungskraft, die jede authentische Verbindung zur Außenwelt verloren hat.[63] Den »letzten Schluß« von Fausts »Weisheit«, den Traum des Erblindeten vom »freien Volk« auf dem in seiner Kolonie neu erschaffenen »freien Grund« (V. 11574 ff.), wird man schließlich zu den der gegenständlichen Realitätswahrnehmung enthobenen »nordischen Phantomen« zählen, die Goethe bereits im Briefwechsel mit Schiller in Opposition gebracht hatte zu den »südlichen Reminiszenzen« eines Ausgleichs von Selbst- und konkreter Welterfahrung.[64]

L'homme qui marche

Mephisto behält freilich nicht das letzte Wort der Fausttragödie. Auf dessen Utopie des »Ewig-Leeren« (V. 11603) läßt Goethe die versöhnende Hymne auf das »Ewig-Weibliche« im »Chorus mysticus« folgen (V. 12111). Das ist der finale Widerspruch, den sich der Faustautor ausgedacht hat. Aufzulösen ist er nicht. Denn zwischen den Schlußversen,

---

63 Der im Blick auf Goethes Gesamtwerk schwerlich zu überschätzenden Symbolkraft des Erlöschens von Fausts Sehkraft gilt die meisterhafte Studie von Peter Michelsen: *Fausts Erblindung*, in: *Im Banne Fausts* (wie Anm. 39), S. 161–170. Darin erläutert Michelsen die vom »inneren Licht« herbeigeführte »Verblendung« Fausts und die tragische Energie, die aus der am Ende kompletten Disproportion von Innen- und Außenwelt hervorgeht (S. 164 ff.).

die – im Gleichnis alles Vergänglichen – das Hiersein des »unzulänglichen« (d. h. unerlangbaren) und »unbeschreiblichen« ewigen Seins feiern (V. 12104 ff.), und Fausts Fluch auf das »hier« (V. 11233) gibt es nichts zu vermitteln. Wenn wir aber auch diesen dramatischen Kontrast zu den Bekenntnissen Goethes zählen und sein Wort von der »großen Konfession« ernstnehmen, können wir auf den Konflikt zwischen Faust und dem Wanderer schließen, der sich in Goethe selbst abspielt, weil er beides ist, Faust und der Wanderer zugleich.[65] Der Wanderer der Tragödie ist neben

64 Von der Vision der neuen Welt, die der blinde Faust in seinem Schlußmonolog entwirft, zeichnet Wilhelm Hennis eine faszinierende geistesgeschichtliche Verbindungslinie zu Goyas »Capricho« Nummer 43 mit dem Bildtitel »El sueño de la razón produce monstruos«, was in Hennis' Übersetzung heißt »Der Traum der Vernunft (und nicht etwa ihr Schlaf, Vf.) gebiert Ungeheuer« (*Träumend, in Trauer verstummt. Goyas Capricho »Beim Pfalzgrafen« und die Projektemacherei der Moderne,* in: Frankfurter Allgemeine Zeitung, 20.8.1994). Der Alptraum der Vernunft, wie ihn der als scharlatanhafter Projektemacher berüchtigte »Pfalzgraf« des 33. Caprichos (»Al conde palatino«) personifiziere, erhebe sich in den Spukgestalten des 43. Caprichos über dem Bild eines »tief melancholischen, verzweifelten« Träumenden. In ihm sieht Hennis die Korrespondenzfigur zum verstummenden Wanderer der Fausttragödie: »Goyas Träumender und Goethes Wanderer – sie gehören zu den großen Bildern vom Anfang unserer auslaufenden Epoche«. Und zum Wandererauftritt im fünften Akt des Dramas bemerkt Hennis: »Dieses Verstummen des Wanderers gehört zu den gewaltigsten Bildern des großen Werks. (…) Es ist Melancholie, tiefstes Erschrecken über den gewalttätigen Veränderungswahn des modernen Menschen, die den Wanderer verstummen läßt. Es wäre nicht schwer, über eine gründliche Analyse des Wortfeldes ›Projekt‹ im Werk Goethes (mit Bezug auf V. 4888, Vf.) seine Stellung zur modernen Wissenschaft und Technik und das heißt auch zum aufkommenden Kapitalismus präzise zu umreißen. Dabei steht ›Projekt‹ nicht nur für den Geist der modernen Technik, sondern viel allgemeiner für die neue ›Vernunft‹ menschlichen Handelns, die sich immer weiter von dem entfernt, was einst ›phronesis‹, sittliche Einsicht, hieß«.

65 Die vorliegende Studie gibt mir die Gelegenheit zur überfälligen Ergänzung meiner ausführlichen Darstellungen von Goethes Faustkritik (in *Fausts Kolonie* und in *Wanderers Verstummen*). Zur notwendigen Erweiterung der Perspektive hat Gustav Seibt festgestellt: »Faust ist nicht nur der Anti-Typus der Goetheschen Lebenskunst und seiner ›Klassik‹, er ist, diesseits der Geschichtsphilosophie, bis zum Schluß die andere Möglichkeit seiner Existenz, der übermächtige, nur durch himmlische Mächte zu bannende Finsternis-Schatten über diesem farbenverliebten Lichtanbeter« (*Der Vorschein unserer Katastrophen. Tragödie der Moderne, Tragödie Goethes,* in: Süddeutsche Zeitung, 21.11.2014).

Faust sicherlich die modernste Figur im Goetheschen Werk. Als solcher blickt er auf die veränderte Wirklichkeit der am Ende von Goethes Leben anbrechenden neuen Epoche. Zu sehen ist jetzt eine Welt – deren Zeitgenossen und Akteure wir Heutigen noch sind –, in der alle »festen« Gegenstände »aufgelöst« werden und in der, wie schon in Fausts Kolonie, »alles Ständische und Stehende verdampft«.[66]

Wanderer, die in dieser Umgebung weiterhin unterwegs sind, nehmen in moderner Perspektive die Gestalt von Alberto Giacomettis »L'homme qui marche« an. Auch dieser Wandernde ist immer noch auf dem Weg, der, wie wir im Rückblick auf Goethes »große Konfession« erkennen konnten, beim »Wanderer auf'm Obelisken« begann, ehe er auf seiner langen Passage durch das europäische Revolutionszeitalter in Fausts Werkstättenlandschaft und in unserer

---

66 Karl Marx, Friedrich Engels: *Manifest der Kommunistischen Partei*, in: Marx Engels Werke (MEW), Bd. 4. Berlin 1959, S. 459–493, hier S. 465. – Im Sinne eines vom Faustautor nun gerade in den zuletzt geschriebenen Tragödienszenen gestalteten Epochenwechsels blickt Nicholas Boyle am Ende seiner Studie über Goethes Tragödienbegriff auf das Ensemble, das Goethe, Faust, der Wanderer und mit ihnen wir Tragödienzuschauer und Tragödienmitspieler bilden: »The Wanderer in *Faust II* has been through ›Sturm und Drang‹ like Goethe and comes (zu Beginn des fünften Aktes, Vf.) to thank the representatives of the *ancien régime* that saved him, only to discover that they are its last survivors, themselves on the point of being swept away. Goethe in this figure shows himself, the author, being murdered as part of the tragedy of Faust, his nominal creation. This finesse, however, is not nostalgic or reactionary, as if Goethe were showing us his world, that of the Wanderer, being destroyed by the onward march of progress, the world of Faust. For Faust's world is Goethe's world too. And this is as true for the audience as it is for the author. The audience themselves, embodied in the figure of the author, are the human sacrifice this tragedy requires. The play's subject, Goethe has told us, is a character who is ›dem modernen Wesen (…) analog‹: Faust's situation therefore is an analogue of the historical situation of the audience. The tragedy of Faust is a tragedy in which audience and author are themselves fully involved, as agents, like Faust, and as victims, like the Wanderer or Gretchen. Any reaction of ours to this story, this story of our modern selves, even if it is the purely ascetic and negative reaction of silence, ›Verstummen‹, will be a part of the story, our story, our tragedy« (*Goethe's Theory of Tragedy*, in: Modern Language Review. 105 [October 2010], S. 1072–1086, hier S. 1086).

Francisco de Goya: El sueño de la razón produce monstruos (1797/99).
Aquatinta-Radierung. Aus: *Goya. Prophet der Moderne* (Ausstellungskatalog). Berlin 2005, S. 32.

Zeit angekommen war.[67] Auch unter den neuen Daseinsver-
hältnissen werden die Wandernden an seiner exerzitienhaf-
ten Suche nach dem befreienden, lebens- und identitätsstif-
ten Ausgleich von Selbst- und Welterfahrung festhalten.
Über diesen modernitätskritischen und zugleich moder-
nitätsoffenen Horizont der Tragödie Fausts und des Wanderers heißt es in Marshall Bermans grandioser Geschichte
der »Erfahrung der Modernität«: »It is a tragedy that no-
body wants to confront – neither advanced nor backward
countries, neither capitalist nor socialist ideologues – but
that everybody continues to re-enact. Goethe's perspectives
and visions can help us see how the fullest and deepest
critique of modernity may come from those who most
ardently embrace its adventure and romance. But if *Faust* is
a critique, it is also a challenge – to our world even more
than to Goethe's own – to imagine and to create new modes
of modernity, in which man will not exist for the sake of
development, but development for the sake of man. Faust's
unfinished construction site is the vibrant but shaky ground
on which we must all stake out and build up our lives.«[68]

---

67 Angeregt wurde ich zur Aufnahme des Goetheschen Wanderers in die moderne
»Galerie des Gehens« durch die großartige Ausstellung »Solo Walks«, die 2016 im
Kunstmuseum Chur zu sehen war (Stephan Kunz, Juri Steiner, Stefan Zweifel [Hg.]:
Solo Walks. Eine Galerie des Gehens. Bündner Kunstmuseum Chur [Ausstellungs-
kat.]. Zürich 2016). Von den Kontemplationsprotokollen, die der einsame Spazier-
gänger Rousseau auf kleinen Spielkarten hinterlassen hat, führte der Ausstellungsweg
– dabei auch ein Seitenblick auf den Italienwanderer Goethe in Venedig – über zahl-
reiche Stationen in die Moderne, mit Giacomettis Skulptur im Zentrum des Rund-
gangs.

68 Marshall Berman: *All That Is Solid Melts Into Air. The Experience of Modernity.*
New York 1982, S. 86.

Über den Autor

Michael Jaeger, geboren 1961, studierte Germanistik und Philosophie zunächst in Heidelberg, dann in Berlin an der Technischen Universität und an der Freien Universität. Nach dem Examen Aufbaustudium in Religionsgeschichte. Promotion 1994 mit einer literaturwissenschaftlichen Arbeit über Geschichtsdeutung in autobiographischen Texten des 20. Jahrhunderts. Seit 2002 Lehrbefugnis in Deutscher Philologie, Habilitationsschrift über Goethes Krisenbewußtsein und das europäische Revolutionszeitalter im Hintergrund der Fausttragödie. „Goethe und die Moderne" ist seither eines der Themen im Zentrum seiner Arbeiten. Privatdozentur, Lehrtätigkeit an deutschen und ausländischen Universitäten, Gastprofessuren u. a. in den Vereinigten Staaten an der University of Notre Dame und in China an der Peking University/Beida. Freiberufliche dramaturgische Mitarbeit an deutschsprachigen Bühnen. Lebt als Autor und Literaturwissenschaftler in Berlin. Ausgezeichnet mit dem Carl Friedrich von Siemens Fellowship des Jahres 2018–2019.

Monographien

Autobiographie und Geschichte. Wilhelm Dilthey, Georg Misch, Karl Löwith, Gottfried Benn, Alfred Döblin. Stuttgart/Weimar 1995, 376 S.

Fausts Kolonie. Goethes kritische Phänomenologie der Moderne. Würzburg 2004, 668 S., 116 Ab.; 3. Auflage 2010.

Global Player Faust - oder: Das Verschwinden der Gegenwart. Zur Aktualität Goethes. Berlin 2008, 134 S.; 6. Auflage 2016.

Wanderers Verstummen, Goethes Schweigen, Fausts Tragödie – oder: Die große Transformation der Welt. Würzburg 2014, 600 S.; 3. Auflage 2015.

Weitere Veröffentlichungen zu Goethe und zu Goethes *»Faust«*

Goethe oder Nietzsche. Karl Löwiths philosophische Goethe-Rezeption. In: Goethe-Jahrbuch 112 (1995), S. 321–331.

Der glückliche Heide. Goethe über Winckelmann. In: Wirkendes Wort 46 (1996), S. 210–224.

Goethe schmähen - Goethe loben. Martin Walsers Weg nach Weimar. In: Bernd Leistner (Hg.): Sonderband der Zeitschrift *Der Deutschunterricht* zum Goethe-Jahr 1999, S. 96–105.

Faust, der Tragödie dritter Teil. Zur Faustdeutung in der DDR. In: Damals 31 (1999/Heft 7), S. 8–11.

Goethe im Widerstreit des liberalen und des radikalen Denkens in der Weimarer Republik. In: Goethe-Jahrbuch 116 (1999), S. 112–128.

Kairos und Chronos - oder: Der prägnante Moment ist flüchtig. Antike Philosophie, klassische Lebenskunstlehre und moderne Verzweiflung. In: *Prägnanter Moment. Studien zur deutschen Literatur der Aufklärung und Klassik* (Fs. Hans-Jürgen Schings). Hg. v. Peter André Alt, Alexander Košenina, Hartmut Reinhardt u. Wolfgang Riedel. Würzburg 2002, S. 405–420.

Klassische Ruhe und revolutionäre Bewegung – oder: Winckelmanns Freiheit und Fausts Angst. In: Jürgen Dummer (Hg.): *Johann Joachim Winckelmann. Seine Wirkung in Weimar und Jena.* Stendal 2007 (Schriften der Winckelmann-Gesellschaft, Bd. 27), S. 85–98.

Wimmeln und Verweilen. Goethe heute, zwischen den Zeiten. In: Michael Jaeger (Hg.): *»Verweile doch«. Goethes »Faust« heute.* Berlin 2006, S. 8–13.

Fausts Revolution. Das europäische Revolutionszeitalter im Hintergrund der Tragödie. In: Michael Jaeger (Hg.): *»Verweile doch«. Goethes »Faust« heute.* Berlin 2006, S. 103–114.

Kontemplation und Kolonisation der Natur. Klassische Überlieferung und moderne Negation von Goethes Metamorphosedenken. In: Goethe-Jahrbuch 124 (2007), Göttingen 2008, S. 60–73.

Sturm und Drang in China. Goethe und die Vierte-Mai-Bewegung. In: Almut Hille, Gregor Streim (Hg.): *Deutsch-Chinesische Annäherungen. Kultureller Austausch und gegenseitige Wahrnehmung in der Zwischenkriegszeit.* Köln 2011, S. 49–63.

»Solch ein Gewimmel möcht' ich sehn«. Fausts Utopie der Weltkolonisation. In: Ortrud Gutjahr (Hg.): *Faust I/II von Johann Wolfgang von Goethe.* Würzburg 2012, S. 185–197.

Faust – oder: Das Drama der modernen Existenz. In: Wolfgang Holler, Gudrun Püschel, Bettina Werche (Hg.): *Lebensfluten – Tatensturm* (Ausst.-Kat. Goethe-National-Museum Weimar). Weimar 2012, S. 35–47.

Fausts Ökonomie – oder: Produktion der Angst. In: Vera Hierholzer, Sandra Richter (Hg.): *Goethe und das Geld. Der Dichter und die moderne Wirtschaft* (Ausst.-Kat. Goethe-Haus Frankfurt). Frankfurt 2012, S. 52–55.

Fausts Protestation. Von der lutherischen Legende zu Goethes Drama. In: Faust Jahrbuch 4 (2010–2013), S. 47–67

THEMEN – Eine Publikationsreihe der Carl Friedrich von Siemens Stiftung

In der Reihe *Themen* wird eine kleine Auswahl der im Wissenschaftlichen Programm der Carl Friedrich von Siemens Stiftung gehaltenen Vorträge in teilweise überarbeiteter und erweiterter Form veröffentlicht. Die Publikationen können von der Stiftung direkt bezogen werden. Vergriffene Bände sind mit dem Vermerk *vgr* gekennzeichnet.

1 Reinhard Raffalt: *Das Problem der Kontaktbildung in der zeitgenössischen Gesellschaft.* 1960. 2. Auflage 1970. 20 S. *vgr*

2 Kurd von Bülow: *Über den Ort des Menschen in der Geschichte der Erde.* 1961. 2. Auflage 1970. 32 S. *vgr*

3 Albert Maucher: *Über das Gespräch.* 1961. 2. Auflage 1970. 22 S. *vgr*

4 Felix Messerschmid: *Das Problem der Planung im Bereich der Bildung.* 1961. 2. Auflage 1970. 34 S.

5 Peter Dürrenmatt: *Das Verhältnis der Deutschen zur Wirklichkeit der Politik.* 1963. 2. Auflage 1970. 40 S. *vgr*

6 Fumio Hashimoto: *Die Bedeutung des Buddhismus für den modernen Menschen.* 1964. 2. Auflage 1970. 36 S. *vgr*

7 Clemens-August Andreae: *Leben wir in einer Überflußgesellschaft?* 1965. 2. Auflage 1970. 28 S. *vgr*

8 Rolf R. Bigler: *Möglichkeiten und Grenzen der Psychologischen Rüstung.* 1965. 2. Auflage 1970. 35 S.

9 Robert Sauer: *Leistungsfähigkeit von Automaten und Grenzen ihrer Leistungsfähigkeit.* 1965. 2. Auflage 1970. 32 S. *vgr*

10 Hubert Schrade: *Die Wirklichkeit des Bildes.* 1966. 66 S. *vgr*

11 Wilhelm Lehmann: *Das Drinnen im Draußen oder Verteidigung der Poesie.* 1968. 24 S. *vgr*

12 Richard Lange: *Die Krise des Strafrechts und seiner Wissenschaften.* 1969. 46 S. *vgr*

13 Hellmut Diwald: *Ernst Moritz Arndt. Das Entstehen des deutschen Nationalbewußtseins.* 1970. 46 S. *vgr*

14 *Zehn Jahre Carl Friedrich von Siemens Stiftung.* 1970. 54 S. *vgr*

15 Ferdinand Seibt: *Jan Hus. Das Konstanzer Gericht im Urteil der Geschichte.* 1973. 58 S. *vgr*

16 Heinrich Euler: *Napoleon III. Versuch einer Deutung.* 1973. 82 S. *vgr*

17 Günter Schmölders: *Carl Friedrich von Siemens. Vom Leitbild des groß-industriellen Unternehmers.* 1973. 64 S. *vgr*

18 Ulrich Hommes: *Entfremdung und Versöhnung. Zur ideologischen Verführung des gegenwärtigen Bewußtseins.* 1973. 50 S. *vgr*

19 Dennis Gabor: *Holographie 1973.* 1974. 52 S.

20 Wilfried Guth: *Geldentwertung als Schicksal?* 1974. 44 S.

21 Hans-Joachim Queisser: *Festkörperforschung.* 1975. 2. Auflage 1976. 64 S. *vgr*

22 Ekkehard Hieronimus: *Der Traum von den Urkulturen.* 1975. 2. Auflage 1984. 54 S. *vgr*

23 Julien Freund: *Georges Sorel.* 1977. 76 S. *vgr*

24 Otto Kimminich: *Entwicklungstendenzen des gegenwärtigen Völkerrechts.* 1976. 2. Auflage 1977. 52 S.

25 Hans-Joachim Hoffmann-Nowotny: *Umwelt und Selbstverwirklichung als Ideologie.* 1977. 42 S. *vgr*

26 Franz C. Lipp: *Eine europäische Stammestracht im Industriezeitalter. Über das Vorder- und Hintergründige der bayerisch-österreichischen Trachten.* 1978. 43 S. *vgr*

27 Christian Meier: *Die Ohnmacht des allmächtigen Dictators Caesar.* 1978. 108 S. *vgr*

28 Stephan Waetzoldt und Alfred A. Schmid: *Echtheitsfetischismus? Zur Wahrhaftigkeit des Originalen.* 1979. 72 S. *vgr*

29 Max Imdahl: *Giotto. Zur Frage der ikonischen Sinnstruktur.* 1979. 60 S. *vgr*

30 Hans Frauenfelder: *Biomoleküle. Physik der Zukunft?* 1980. 2. Auflage 1984. 53 S. *vgr*

31 Günter Busch: *Claude Monet »Camille«. Die Dame im grünen Kleid.* 1981. 2. Auflage 1984. 50 S.

32 Helmut Quaritsch: *Einwanderungsland Bundesrepublik Deutschland? Aktuelle Reformfragen des Ausländerrechts.* 1981. 2. Auflage 1982. 92 S. *vgr*

33 Armand Borel: *Mathematik: Kunst und Wissenschaft.* 1982. 2. Auflage 1984. 58 S. *vgr*

34 Thomas S. Kuhn: *Was sind wissenschaftliche Revolutionen?* 1982. 2. Auflage 1984. 62 S. *vgr*

35 Peter Claus Hartmann: *Karl VII.* 1982. 2. Auflage 1984. 60 S.

36 Frédéric Durand: *Nordistik. Einführung in die skandinavischen Studien.* 1983. 104 S.

37 Hans-Martin Gauger: *Der vollkommene Roman: »Madame Bovary«.* 1983. 2. Auflage 1986. 70 S. *vgr*

38 Werner Schmalenbach: *Das Museum zwischen Stillstand und Fortschritt.* 1983. 47 S.

39 Wolfram Eberhard: *Über das Denken und Fühlen der Chinesen.* 1984. 2. Auflage 1987. 48 S. *vgr*

40 Walter Burkert: *Anthropologie des religiösen Opfers.* 1984. 2. Auflage 1987. 64 S. *vgr*

41 Christopher Freeman: *Die Computerrevolution in den langen Zyklen der ökonomischen Entwicklung.* 1985. 57 S. *vgr*

42 Benno Hess und Peter Glotz: *Mensch und Tier. Grundfragen biologisch-medizinischer Forschung.* 1985. 60 S. *vgr*

43 Hans Elsässer: *Die neue Astronomie.* 1986. 64 S. *vgr*

44 Ernst Leisi: *Naturwissenschaft bei Shakespeare.* 1988. 124 S. *vgr*

45 Dietrich Murswiek: *Das Staatsziel der Einheit Deutschlands nach 40 Jahren Grundgesetz.* 1989. 56 S. *vgr*

46 François Furet: *Zur Historiographie der Französischen Revolution heute.* 1989. 50 S. *vgr*

47 Ernst-Wolfgang Böckenförde: *Zur Lage der Grundrechtsdogmatik nach 40 Jahren Grundgesetz.* 1990. 86 S. *vgr*

48 Christopher Bruell: *Xenophons Politische Philosophie.* 1990. 2. Auflage 1994. 71 S. *vgr*

49 Heinz-Otto Peitgen und Hartmut Jürgens: *Fraktale. Gezähmtes Chaos.* 1990. 70 S. mit 25 Abb. und 4 Farbtafeln. *vgr*

50 Ernest L. Fortin: *Dantes »Göttliche Komödie« als Utopie.* 1991. 62 S. mit 8 Abb. *vgr*

51 Ernst Gottfried Mahrenholz: *Die Verfassung und das Volk.* 1992. 58 S. *vgr*

52 Jan Assmann: *Politische Theologie zwischen Ägypten und Israel.* 1992. 2. Auflage 1995. 122 S. 3., erweiterte Auflage 2006. 138 S. 4. Auflage 2017. 140 S.

53 Gerhard Kaiser: *Fitzcarraldo Faust. Werner Herzogs Film als postmoderne Variation eines Leitthemas der Moderne.* 1993. 74 S. mit 1 Abb. *vgr*

54 Paul A. Cantor: *»Macbeth« und die Evangelisierung von Schottland.* 1993. 88 S.

55 Walter Burkert: *»Vergeltung« zwischen Ethologie und Ethik.* 1994. 48 S. *vgr*

56 Albrecht Schöne: *Fausts Himmelfahrt. Zur letzten Szene der Tragödie.* 1994. 40 S. *vgr*

57 Seth Benardete: *On Plato's »Symposium« – Über Platons »Symposion«.* 1994. 2. Auflage 1999. 106 S. 3. Auflage 2012. 110 S. mit einer Farbausschlagtafel.

58 Yosef Hayim Yerushalmi: *»Diener von Königen und nicht Diener von Dienern«. Einige Aspekte der politischen Geschichte der Juden.* 1995. 62 S. *vgr*

59 Stefan Hildebrandt: *Wahrheit und Wert mathematischer Erkenntnis.* 1995. 60 S. mit 12 Abb.

60 Dieter Grimm: *Braucht Europa eine Verfassung?* 1995. 58 S. *vgr*

61 Horst Bredekamp: *Repräsentation und Bildmagie der Renaissance als Formproblem.* 1995. 84 S. mit 32 Abb. *vgr*

62 Paul Kirchhof: *Die Verschiedenheit der Menschen und die Gleichheit vor dem Gesetz.* 1996. 80 S. *vgr*

63 Ralph Lerner: *Maimonides' Vorbilder menschlicher Vollkommenheit.* 1996. 50 S. mit 5 Abb.

64 Hasso Hofmann: *Bilder des Friedens oder Die vergessene Gerechtigkeit. Drei anschauliche Kapitel der Staatsphilosophie.* 1997. 2. Auflage 2008. 98 S. mit 36 Abb.

65 Ernst-Wolfgang Böckenförde: *Welchen Weg geht Europa?* 1997. 60 S. *vgr*

66 Peter Gülke: *Im Zyklus eine Welt. Mozarts letzte Sinfonien.* 1997. 64 S. mit 2 Abb. und 9 Notenbeispielen. 2. Auflage 2015. 76 S. mit 2 Abb. und 11 Notenbeispielen.

67 David E. Wellbery: *Schopenhauers Bedeutung für die moderne Literatur.* 1998. 70 S.

68 Klaus Herding: *Freuds »Leonardo«. Eine Auseinandersetzung mit psychoanalytischen Theorien der Gegenwart.* 1998. 80 S. mit 7 Abb. *vgr*

69 Jürgen Ehlers: *Gravitationslinsen. Lichtablenkung in Schwerefeldern und ihre Anwendungen.* 1999. 58 S. mit 15 Abb. und 4 Farbtafeln.

70 Jürgen Osterhammel: *Sklaverei und die Zivilisation des Westens.* 2000. 2. Auflage 2009. 74 S. mit 1 Abb.

71 Lorraine Daston: *Eine kurze Geschichte der wissenschaftlichen Aufmerksamkeit.* 2001. 60 S. mit 7 Abb. *vgr*

72 John M. Coetzee: *The Humanities in Africa – Die Geisteswissenschaften in Afrika.* 2001. 98 S.

73 Georg Kleinschmidt: *Die plattentektonische Rolle der Antarktis.* 2001. 86 S. mit 20 Abbildungen, 16 Farbtafeln und einer Ausschlagtafel.

74 Ernst Osterkamp: *»Ihr wisst nicht wer ich bin« – Stefan Georges poetische Rollenspiele.* 2002. 60 S. mit 5 Abb.

75 Peter von Matt: *Ästhetik der Hinterlist. Zu Theorie und Praxis der Intrige in der Literatur.* 2002. 62 S.

76 Seth Benardete: *Socrates and Plato. The Dialectics of Eros – Sokrates und Platon. Die Dialektik des Eros.* 2002. 98 S. mit 1 Abb.

77 Robert Darnton: *Die Wissenschaft des Raubdrucks. Ein zentrales Element im Verlagswesen des 18. Jahrhunderts.* 2003. 82 S. mit 3 Abb.

78 Michael Maar: *Sieben Arten, Nabokovs »Pnin« zu lesen.* 2003. 74 S.

79 Michael Theunissen: *Schicksal in Antike und Moderne.* 2004. 72 S. 2. Auflage 2017. 74 S.

80 Paul Zanker: *Die Apotheose der römischen Kaiser. Ritual und städtische Bühne.* 2004. 86 S. mit 31 Abb.

81 Glen Dudbridge: *Die Weitergabe religiöser Traditionen in China.* 2004. 64 S. mit 8 Farbtafeln.

82 Heinrich Meier: *»Les rêveries du Promeneur Solitaire«. Rousseau über das philosophische Leben.* 2005. 68 S. 2. Auflage 2010. 70 S. mit 12 Abb.

83 Jean Bollack: *Paul Celan unter judaisierten Deutschen.* 2005. 70 S.

84 Rudolf Smend: *Julius Wellhausen. Ein Bahnbrecher in drei Disziplinen.* 2006. 72 S. mit 4 Tafeln.

85 Martin Mosebach: *Die Kunst des Bogenschießens und der Roman. Zu den »Commentarii« des Heimito von Doderer.* 2006. 74 S. mit 13 Abb.

86 Ernst-Wolfgang Böckenförde: *Der säkularisierte Staat. Sein Charakter, seine Rechtfertigung und seine Probleme im 21. Jahrhundert.* 2007. 82 S. 2. Auflage 2015

87 Marie Theres Fögen: *Das Lied vom Gesetz.* 2007. 140 S. mit 5 Abb.

88 Helen Vendler: *Primitivismus und das Groteske. Yeats' »Supernatural Songs«.* 2007. 88 S. mit 8 Abb.

89 Winfried Menninghaus: *Kunst als »Beförderung des Lebens«. Perspektiven transzendentaler und evolutionärer Ästhetik.* 2008. 70 S.

90 Horst Bredekamp: *Der Künstler als Verbrecher. Ein Element der frühmodernen Rechts- und Staatstheorie.* 2008. 90 S. mit 25 Abb.

91 Horst Dreier: *Gilt das Grundgesetz ewig? Fünf Kapitel zum modernen Verfassungsstaat.* 2009. 128 S. mit 6 Abb.

92 Ernst Osterkamp: *Die Pferde des Expressionismus. Triumph und Tod einer Metapher.* 2010. 74 S. mit 10 Abb.

93 Gerhard Neumann: *Verfehlte Anfänge und offenes Ende. Franz Kafkas poetische Anthropologie.* 2011. 88 S.

94 Jürgen Stolzenberg: *»Seine Ichheit auch in der Musik heraustreiben«. Formen expressiver Subjektivität in der Musik der Moderne.* 2011. 102 S.

95 Heinrich Detering: *Die Stimmen aus dem Limbus. Bob Dylans späte Song Poetry.* 2012. 62 S.

96 Richard G. M. Morris: *Lernen und Gedächtnis. Neurobiologische Mechanismen.* 2013. 80 S. mit 7 Abb.

97 Jan Wagner: *Ein Knauf als Tür. Wie Gedichte beginnen und wie sie enden.* 2014. 80 S.

98 Walter Werbeck: *Richard Strauss. Facetten eines neuen Bildes.* 2014. 92 S. mit 6 Abb.

99 Karl Schlögel: *Archäologie des Kommunismus oder Russland im 20. Jahrhundert. Ein Bild neu zusammensetzen.* 2014. 120 S. mit 15 Abb.

100 Ronna Burger: *On Plato's »Euthyphro« – Über Platons »Euthyphron«.* 2015. 124 S.

101 Andreas Voßkuhle: *Die Verfassung der Mitte.* 2016. 70 S.

102 David E. Wellbery: *Goethes »Faust I«. Reflexion der tragischen Form.* 2016. 102 S.

103 Peter Schäfer: *Jüdische Polemik gegen Jesus und das Christentum. Die Entstehung eines jüdischen Gegenevangeliums.* 2017. 80 S.

104 Michael Jaeger: *Goethe, Faust und der Wanderer. Lebensbruchstücke, Tragödienfragmente.* 2017. 96 S. mit 19 Abb.

Außerhalb der Reihe sind erschienen:

1985 – 1995 Carl Friedrich von Siemens Stiftung – Zehnjahresbericht. 1996. 2. Auflage 1999. 144 S. mit 81 Abbildungen.

1995 – 2005 Carl Friedrich von Siemens Stiftung – Zehnjahresbericht. 2005. 174 S. mit 117 Abbildungen.

Notiz zur Zitierweise

Michael Jaeger:
Goethe, Faust und der Wanderer.
Lebensbruchstücke, Tragödienfragmente.
München: Carl Friedrich von Siemens Stiftung, 2017
(Reihe »Themen«, Bd. 104).

ISBN 978-3-938593-30-1

Carl Friedrich von Siemens Stiftung
Südliches Schloßrondell 23
80638 München

Heinrich Meier, Gerhard Neumann (Hg.)
Über die Liebe
Ein Symposion
München, Piper, 2000. 4. Auflage 2009. Serie Piper 3233
352 Seiten mit 10 Abbildungen. € 9,90 (D)

Gerhard Neumann
Lektüren der Liebe

Helen Fisher
Lust, Anziehung und Verbundenheit
Biologie und Evolution der menschlichen Liebe

Karl-Heinz Kohl
Gelenkte Gefühle
Vorschriftsheirat, romantische Liebe und Determinanten der Partnerwahl

Jean Starobinski
Fêtes galantes
Geburt und Niedergang einer Utopie der Liebe

Seth Benardete
Sokrates und Platon
Die Dialektik des *Eros*

Walter Haug
Tristan und Lancelot
Das Experiment mit der personalen Liebe im 12./13. Jahrhundert

Kurt Flasch
Liebe im *Decameron* des Giovanni Boccaccio

Peter von Matt
Versuch, den Himmel auf Erden einzurichten
Der Absolutismus der Liebe in Goethes *Wahlverwandtschaften*

Ulrich Pothast
Liebe und Unverfügbarkeit

Heinrich Meier
Epilog: Über Liebe und Glück

Friedrich Wilhelm Graf, Heinrich Meier (Hg.)
Der Tod im Leben
Ein Symposion
München, Piper, 2004. 3. Auflage 2009. Serie Piper 4271
352 Seiten mit 6 Abb. € 12,90 (D)

Heinrich Meier (Hg.)
Über das Glück
Ein Symposion

München, Piper, 2008. 2. Auflage 2010. Serie Piper 5304
295 Seiten mit 5 Abb. € 9,95 (D)

Heinrich Meier
Prolog – Über das Glück

David E. Wellbery
**Prekäres und unverhofftes Glück
Zur Glücksdarstellung in der
klassischen deutschen Literatur**

Ulrich Pothast
Glück und Unverfügbarkeit

Norbert Schwarz
**Intuitive Annahmen über das glückliche Leben – und
warum wir so wenig aus der Erfahrung lernen**

Karl-Heinz Kohl
**Der glückliche Wilde
Imagination oder Realität?**

Peter von Matt
Glück als Ziel des Weltalls und der Literatur

Camille Paglia
**Agonie und Ekstase
Das flüchtige Glück des abendländischen Künstlers**

Lorraine Daston
Monomanie in der Wissenschaft

Christopher Bruell
Das Glück aus der Sicht der Philosophie

Heinrich Meier
Epilog – Über Glück und Unglück

Edition der
Carl Friedrich von Siemens
Stiftung

Friedrich Wilhelm Graf, Heinrich Meier (Hg.)
Politik und Religion
Zur Diagnose der Gegenwart
München, C.H. Beck, 2013. 2. Auflage 2017
325 Seiten. Klappenbroschur. € 14,95

Friedrich Wilhelm Graf
Einleitung

Hans Ulrich Gumbrecht
Religion und Politik in den Vereinigten Staaten
Über die Geschichtlichkeit einer kulturellen Invariante

Gregory L. Freeze
Von der Entkirchlichung zur Laisierung
Staat, Kirche und Gläubige in Rußland

Hillel Fradkin
Die lange Suche nach dem Islamischen Staat
Religion und Politik im Islam
und die Dynamik der Gegenwart

Robert C. Bartlett
Religion und Politik
in der klassischen politischen Wissenschaft

Peter Schäfer
Theokratie: Die Herrschaft Gottes
als Staatsverfassung in der jüdischen Antike

Giorgio Agamben
Archäologie des Befehls

Hans Joas
Sakralisierung und Entsakralisierung
Politische Herrschaft und religiöse Interpretation

Jürgen Habermas
Politik und Religion

Heinrich Meier
Epilog – Politik, Religion und Philosophie